BRAND
ブランド

「自分の価値」を見つける48の心得

元スターバックスコーヒージャパンCEO 岩田松雄

アスコム

「いばる男の人って、
要するにまだ一流でないってことなのよ」

――オードリー・ヘップバーン

なぜ、宣伝をしないスターバックスが、
人々から「ブランド」として認知されているのか。

スターバックスには
「人々の心を豊かで活力のあるものにする」
というミッションがあります。

パートナーの一人ひとりが
愚直にこれを実現しようと努力することで、
声高に叫ばずとも、
スターバックスの「価値感」は
多くの人々に自然に浸透していきました。

こうして、ほかのコーヒーショップとは
一線を画す「一流ブランド」になったことで、
スターバックスの使命はさらに大きくなり、
働き手たちは誇りをもち、
より「スターバックスらしさ」を追求していきます。

「ブランド化する」ということは、
企業にとってきわめて重要なことです。
その企業の使命や価値感を
多くの人に知ってもらうことで、
働き手は「見られている」ことをつねに意識し、
自分たちを高める努力を怠らず、
「自分たちらしさ」をさらに追求していくようになります。

こうなるとブランド価値はさらに高まる。
まさに好循環を創りだすのです。
これは個人も同じです。

一流の人には、使命感があります。

何のために、誰のために、

自分が存在しているのかを知っている。

しかし、真の一流になるためには、それだけでは足りない。

自分の使命や価値感に従って行動し、

人々に知ってもらう必要があります。

知られたことでさらにブランドが磨かれていきます。

こうして生み出された好循環が、

あなたを真の一流へと押しあげていきます。

あなたは「ブランド」

にならなければならないのです。

「自分には、人様に誇れる価値などない」

あなたはそう言うかもしれません。

では、一緒に探そうではありませんか。
あなたが自分の「価値」を発見し、高め、
人々に伝えてブランド化していく。
本書では、その旅のお手伝いをしていきます。

プロローグ

夜行バスで会いに来てくれたカップル

スターバックスコーヒージャパンのCEOを辞任してから1年半ほど経った、2012年の秋。

ご縁があって、私は本を出版する機会に恵まれました。最初に書店に並んだ本の一冊が『ミッション　元スターバックスCEOが教える働く理由』でした。

本を書くことは生まれて初めてでしたが、私はそれまでも、経営者として社内に向けてマネジメントレターを書き、退任後もFacebookやブログを通じて、自分の思いを人に伝えることをしていました。

しかし、これほどまとまった量の文章は、初めての経験です。本を書く作業は、自分自身の内面と向き合う作業です。発見と驚き、そして根気と苦労の連続でしたが、多くの方々のサポートのおかげで書き上げることができました。でき上がった本は幸い多くの方々の目に触れ、読者の感謝の言葉に私自身が大いに励まされる結果となりました。

『ミッション』が書店に並んでから数か月経ったころ、本を読んでくださったカップルから、Ｆａｃｅｂｏｏｋを通じて連絡をいただきました。

「本を読ませていただき大変感動しました。勉強会に講師としてお招きしたく、ぜひ直接お目にかかってお話しさせていただきたいのです」

熱くて、誠実さが伝わってくるメッセージでした。

心を打たれた私は、実際にお会いすることにしました。待ち合わせ場所のホテルのラウンジに現れたのは、30代半ばと思われる、とても素敵な「彼と彼女」でした。

本の感想や私に勉強会に来てほしい理由を熱心に語ってくださいました。私に会うために、名古屋から夜行バスに乗ってわざわざ来てくださったことや、二人が勉強会で知り合ったことなども話してくれました。

話しぶりから、彼も彼女もただ熱心なだけでなく、誠実で、勉強家で、人生をどう生きるか真正面から取り組んでいる方だということが伝わってきました。私自身の30

代半ばのころと比べたら、とても恥ずかしくなってしまうほどです。

やがて彼は、自分の仕事について、少し苦しそうな表情で語り始めます。**自分には何も落ち度がなかったにもかかわらず、志なかばで会社を追われてしまった経験がある**、というのです。

若くしてとても重要なポジションを任されていた彼は、社内的に触れてはいけない〝ある問題〟に対して、正しい処理をするべきだと会社に主張しました。それに対し、社長や他の役員は聞き入れなかったばかりか、まるで臭いものに蓋をするかのように彼を解任し、追い出してしまったのです。

彼は信念と情熱をもって取り組んでいた職を、理不尽な理由で突然失いました。あまりのショックと、企業が持つ暗い一面に接したことで、すっかり元気をなくし、やがてふさぎ込んでしまったそうです。

自分のしてきたことは本当に正しかったのかを自問自答する日々の中で、人と会うことすら辛くなり、1年ほどは外出も難しくなってしまったと言います。

自分には、どんな「価値」があるのだろう……

彼女はそばでそっと支え続け、彼もようやく表面的には落ち着いてきました。少しずつ元気を取り戻しつつあったある日、二人で書店を歩いていると、彼女が棚に置かれていた拙著『ミッション』を見つけました。

大きな書店の棚には、ビジネスに関する書籍が山のように積まれています。他にもいろいろ本はあっただろうに、どうして『ミッション』を選んでくださったのか。

彼女いわく、カバーの雰囲気と「僕たちは、何のために働くのか」という帯の一文に惹かれて手に取ってみたと。元スターバックスのCEOが書いた本であることを知り、中身はほとんど読まずに直感的にレジにもち込み、その場で彼にプレゼントしたそうです。

彼は自宅に戻るとすぐに読み始め、やがて涙が止まらなくなったと言ってくださいました。「大変僭越ですが……」と断ったあとで、自分が考えていたことと一緒だ、心の中でまとまらなかったことを代弁してくれた、という深い共感とともに、自分のしてきたことは間違っていなかったという確信を得ることができた、と教えていただきました。

私には、彼の気持ちが痛いほど理解できます。**突然の失職のショック、会社の人間関係が原因でのノイローゼ。何のための、誰のための仕事なのか、という戸惑い。そして、自分は価値のない人間なのではないか……という無力感。**まさに私自身がこれまでに経験してきたことと全く同じでした。

今はまだ充電中だという彼らは、夜行バスに乗ってきたのに、疲れた様子などまったく見せませんでした。

「3か月以内にこの本の著者に会う」という小さな目標を達成し、ニコニコしているこの素敵なカップル。私の本に涙を流して感動してくれた。そして私の本の内容を拠りどころに、お互い支え合い、困難を乗り越え、新しい道に進もうとしている。

ほほ笑ましく、そして眩《まぶ》しいお二人との出会い。私は、彼らの幸せを祈らずにはいられませんでした。と同時に、心から本を書いてよかった、と思いました。

ミッションとブランドは表裏の関係

なぜ、お二人と私は引き寄せ合ったのか。共感し合ったのか。それには、個人における「ミッション」や「ブランド」を考えることの重要性が、深く関わっていると思います。

私は新卒で入社した日産自動車に始まり、外資系コンサルティング会社、コカ・コーラ、タカラ、アトラス、ザ・ボディショップ、そしてスターバックスと、さまざまな会社で仕事をしながら、「企業は、何のために存在するのか」という根源的な理由を

探し求めてきました。そして辿りついたシンプルな答えが、

「企業は、世の中をよくするためにある」

ということです。企業は、それぞれの事業を通じて世の中をよくしていく。それが企業の存在理由であり、目的だと。

利益は、その事業を継続していくために必要な手段であり、決して目的ではない。今後も私は、リーダーや経営者を育てつつ、この考え方を広げていきたいと思っています。これが現在の私のミッションであり、私がこの世に生かされている理由です。

しかし、そうした私の志や心情は、他人の目には決して映りません。何らかの形でそれを表に出し、実際にその活動を行っていかない限り、その思いは誰にも伝わらないのです。

スターバックスのCEOを辞職した後、Facebookやブログ、講演などで自分の思いを伝えていた私に、たまたま出版社の編集者が気づいてくれ、やがて本にな

り、人々の手に届きました。あのカップルもこうして私の志（ミッション）を受け取ってくれました。

私は拙著『ミッション』の中で、**「ミッションとブランドは表裏の関係である」**と書きました。人助けをしたい、世の中をよくしたい、というように自分自身が働く理由を掲げ（ミッションをつくり）、それを具現化して世の中に発信し、認知されていく（ブランド化していく）。

いくら美辞麗句を並べたメッセージを発信してブランド化しようとしても、志がないのであれば、うわべだけで、一流のブランドにはなりようがない。逆に、志が素晴らしくても、実際に行動に移して人にそれをきちんと伝えていかなければ認知されようがない。

ミッションとブランドは表裏、まさに「一対で事を成す」のです。ミッションを達成しようと努力し、それを発信していくことで人々に伝わり、ブランドとして認知されていく。その人や企業が掲げているミッションと、人々が認知しているブランドが一致していないとすれば、ミッションを達成できていないのではないか、と反省しなくてはなりません。

『ミッション』を書いたあとに、私がどうしても書きたいテーマ。

それこそが本書『ブランド』なのです。

よく似た志、思いを抱いた人たちが、自発的に旗を掲げ、メッセージを発信することで初めて互いに知り合い、響き合う。力を合わせることも、一緒にビジネスをしたり社会貢献をしたりすることもできる。ミッションを鮮明にし、発信し、人々を惹きつける。そこで大きな共感が生まれ、さらに人々を惹きつけてブランド化していくのです。

「見た目」や「伝え方」をテクニカルに訓練しても、決してブランドにはなりません。自分の見せ方に重きをおくだけの、今流行《はや》りの「セルフ・ブランディング」では、人々を本質的に惹きつけることはできません。

何のために働いているのか、何のために生きているのか、その志を持つ人だけが、人を惹きつける一流の「ブランド人」になりえるのです。

スターバックスの人魚がつなぐもの

企業や商品の場合も同じです。

スターバックスコーヒーは、すでに確立されたブランドになっています。日本での店舗数は１５００を超え、全国どこの街を歩いていても、スターバックスのロゴを目にする機会が増えました。

ダークグリーンのコーポレートカラー。「サイレン」と呼ばれる、ギリシャ神話上の2つの尾をもった人魚。道行く人が抱えているバッグやカップに書かれていると、私はつい目を奪われてしまいます。

スターバックスが大好きな人、スターバックスを特別なブランドとして意識している人ほど、私と同様にそのロゴについ目がいってしまうのではないでしょうか。

スターバックスのカップを持っている人は、ちょっと誇らしげに、さっそうと歩いているように見える。勝手に親しみを覚えてしまうこともあります。

あのロゴを見ただけで気持ちがほっこりとして、緊張感がほぐれるという人もいます。

コーヒーを飲む気はなかったのに、気づくとお店に入っているという人もいます。

コーヒーが飲めないのに、足しげく通う人もいます。

紙袋やコーヒーの入ったカップに書かれているのは、あくまでロゴタイプだけ。スターバックスの企業理念や志などどこにも書かれていませんし、現在のロゴには「STARBUCKS　COFFEE」の文字すら併記されなくなりました。

そもそもスターバックスはマス広告や宣伝をほとんどしません。テレビCMなども、見たことがないはずです。それにもかかわらず、なぜスターバックスは一流ブランドになれたのでしょうか。本書ではその理由もひも解いていきます。

宣伝しないスターバックスが
ブランドになれた理由

もともと「ブランド」とは、他者の家畜と区別するため自分の家畜などに焼印を施した印（識別マーク）が起源です。今では他社と差別化するために名称、ロゴ、デザインなどを組み合わせ、他社の製品・サービスより優れていることを顧客に認識させ、顧客の信頼感を獲得し、ブランドに「価値」が生まれると考えられています。

スターバックスのファンになっていただいているお客様には、それぞれの中にスターバックスに対するポジティブな記憶や思い入れのあるストーリーがあり、特別な存在として確立しています。これこそがブランドです。

そしてそれを想起させるスイッチのようなものが、ダークグリーンの色であったり、「サイレン」のマークだったりするわけです。人々はスイッチを押されると、いつも通っている店の情景や、疲れた気持ちを解きほぐす香り、顔見知りのパートナー(スターバックスでは、店舗で働く人たちもCEOも立場にかかわらずこう呼ばれます)の顔が浮かびます。人によってはスターバックスで経験した特別な出来事を思い出し、心が躍ることもあるでしょう。

スターバックスという企業、そして何よりもそのお店で働いているパートナーたちは、

「人々の心を豊かで活力あるものにするために――
ひとりのお客様、一杯のコーヒー、そしてひとつのコミュニティから」

というミッションに基づいて、質の高いコーヒーを提供し、素敵な空間を維持し、ときにはお客様の想像を超えた感動的な接客をしています。

しかし、ほとんどのお客様はスターバックスのミッションを知らないと思います。

お店に行き、コーヒーを飲み、おいしいと感じる。店内の空間としての居心地のよさ、パートナーたちの質の高さに気づく。たまたま疲れているときに、顔なじみのパートナーから「ちょっとお疲れ気味ですか？　ご自愛ください」と書かれたカードを受け取る。

お客様にとって「スターバックス」は、こうした経験が積み重なって、特別な場所になっていきます。**決して代わりのきかない、「特別な空間」になっていく**わけです。

お客様がスターバックスに行く理由は、単にコーヒーを飲みたいからではなく、そこに行くことで元気になりたい、活力をもらいたい、と思っているからではないでしょうか。単なるコーヒーショップ以上の愛着をお持ちなのではないでしょうか。

スターバックスは、広告や宣伝によって人々にそのミッションを大声で叫んでいるわけではありませんが、自然と人々の心に届き、ブランドとして定着しているのです。スターバックスこそが一流である、と。

「一流のブランド人」になる48の心得

本書は、シンプルに言えば**「スターバックスのような、個性的で、愛され続ける人」になる**ための指南書です。

本来、私たち一人ひとりは、誰もが違う資質や経歴、考え方や信念を持つ、「世界でたったひとりの自分」であるはずです。これは、よく考えればそれ自体がブランドそのものです。

誰もが本当はすでにブランドになれるポテンシャルを持っているにもかかわらず、それを意識していないか、表に出さないまま、放置してしまっているのです。

この本は、私の経験を元に、世にあるさまざまなブランドを研究しながら、個人であるあなたが、どうすれば人々を惹きつける一流の人になれるのかを「48の心得」を紹介しながら考えていきます。それは「あなたの価値とは何か？」を見つける旅でもあります。

自分には、価値がない……。
自分には、個性がない……。
自分には、誇れるものがない……。

そんな思いのある人は、ぜひ読み進めてください。そうではないことに、必ず気づくはずです。

自分は、世の中をよくしたい。
自分は、人々を幸せにしたい。
自分は、新しい価値を提供したい。

そんな思いのある人も、ぜひ読み進めてください。自分自身をブランド化することは、自分と同じ志の人を惹きつけ、共感を呼び、さらに人と人をつないでいきます。
それによって、ひとりではできなかった大きなことを、実現させてしまうのです。
「自分ブランド」の構築は、新しい未来を切り拓く大きな原動力なのです。

岩田松雄

第1章

「一流のブランド人」になるために知っておきたい5つのポイント

第2章 あなたをブランド人へと導く「ジョハリの窓」

第3章 一流企業に学ぶブランドの築き方

第4章

「一流の人」と「どこにでもいる人」のちょっとした違い

第5章 一流は「相手の幸せ」を探す

本書は、2013年8月に弊社より刊行された『ブランド 元スターバックスCEOが教える「自分ブランド」を築く48の心得』を改題し、加筆・修正したものです。

第1章

「一流のブランド人」になるために知っておきたい5つのポイント

「格好だけ、世間にうまく売り込んだだけの
一流を相手にしても意味はない。
たとえマスコミに知られない無名の人でも、
自分をつらぬいて生きている人がいたら、
そういう人を見つけて付き合うことだ」

――岡本太郎

「あなたというブランド」のつくり方

この本の最終的な目的は、個人のブランドづくり、つまり「あなたというブランド」を確立することです。**あなたが「使命感を持った自分」を形づくり、きらりと光る個性を持った人と見られることを、この本のゴールにしたいと思います。**「自分には個性がない……」「自分の価値が見出せない……」という悩みから解放され、自信を持って生きていってほしいと願いながら書き進めていきます。

ひと口にブランドと言っても、人によってそのイメージはさまざまです。メッセージの出し方によっては、大きな誤解を招くなど、意図せず「負のブランディング」をしてしまうことにもなりかねません。一度、負のイメージを他人に持たれてしまうと、それを挽回するのは大変なことです。

また、ブランドという言葉は、よい意味だけで使われるわけではありません。「あの人は、ブランドもので身をかためた成り金だ」といったようなネガティブな文脈で使われる場合もあります。

そこで、ブランド化の方法をお話しする前に、私がイメージするブランドとはどのようなものか、ブランドづくりのために注意すべきことは何かについて、次の5つのポイントをご紹介することにします。

Point 1 中身のない誇大広告は反感を買う
Point 2 「セルフ・ブランディング」では人を惹きつけられない
Point 3 ミッションと相反するブランディングは、やがて破綻する
Point 4 「○○株式会社の××さん」はブランドではない
Point 5 「ブランド」は管理しなければいけない

Point 1

中身のない誇大広告は反感を買う

私が自分自身のブランドやイメージの存在にはっきりと気づいたのは、恥ずかしながら40歳をとうに過ぎたころでした。

大学を卒業してから13年近く勤めていた日産自動車時代の、久しぶりの同期会でのこと。

「そういえば岩田って、昔から『社長を目指す』って宣言していたよな」

誰かがそう発言すると、別の人たちは、

「そうそう！　入社したばかりのころから言ってた」

「あのときは『こいつ、変な奴!』って思ってたけれど、実際に社長になったよね」

と皆に冷やかされました。私が当時目指していたのはあくまで「日産自動車の社長」だったのですから、正確に言えばこれは事実に反するのですが、あくまでお酒の席での昔話です。

社会人になりたてだった私は、「高い志を持って仕事をしよう」と考えていました。新入社員の挨拶の時、何百人もの先輩社員の前で「社長を目指して頑張ります!」と宣言したのです。私としては、例えば、公立進学校の野球部が甲子園を目指すのと同じです。私も大阪で高校球児として汗を流していたわけですが、甲子園に行けないことは分かっていても、甲子園を夢見て練習だけは一所懸命していました。

つまり社長になるかどうかどちらでもよく、社長を目指して頑張ることが大切だと思っていました。今となっては笑い話ですが、本人としては「出世したい」とか「お金持ちになりたい」という意識があったわけではありません。サラリーマンとして自分が日産で一生頑張っていく覚悟なら、その目標や志は高いほうがよいだろう、部長を目指すのと社長を目指すのとでは仕事のやり方も違うだろう、という気持ちでした。**「社長を目指す覚悟で仕事に頑張る岩田松雄」、いわば自分のミッションを宣言したつもりだったのです。**

しかし当時、「岩田は出世主義の変な奴だ」というイメージを抱いた人も少なからずいたと思います。当時の上司から嫌味を言われたことも覚えています。

日産を退社した後、確かに私は、「プリント倶楽部（プリクラ）」で知られるアトラスの社長や、イオンフォレスト（ザ・ボディショップを運営）、スターバックスコーヒージャパンの社長を務めることができました。

アトラスで初めて社長になった時、ビジネススクールで教えられた、「企業は株主の持ち物であり、企業価値（利益）を高めるのが社長の使命である」ことに大きな違和感を持っていました。つまり株主のためだけに企業があることに反感を持っていたのです。そしてザ・ボディショップ時代のある日、**「企業は世の中をよくするためにある」**という思いが、まるで天の啓示のように降ってきました。企業は決して金儲けや株価を上げるためにあるのではない。自分たちの事業（商品やサービス）を通じて、世の中をよくするためにあるのです。しかしいくら世の中のためになっていても、利益が上がらなければ継続できません。新しい投資や新商品の研究開発ができません。**利益は目的ではなく手段なのです。**

実際に社長に就任して、社長という仕事の大変さ、自分の能力のなさを思い知らされました。また社長が偉いのではなくて、お客さまに直接接する店舗の従業員たちのおかげで自分の給料がもらえているのだという気持ちを持っていました。社長などという社会的な肩書きは、あくまで会社のミッションを全《まっと》うするための一つのポジションに過ぎない、と強く思いました。その会社のミッションを実現しようという思いにおいて、役職やポジションに上下はないと考えていました。

しかし、かつて「社長になる」と宣言した私のことを、「出世欲が強い」というイメージで見ていた人も少なからずいたと思います。

「社長になりたい」と公言することは、負のブランド構築になってしまいました。「社長になる」という発言が、周囲の人たちに負のインパクトをもたらし、私の真意とは別のところで、岩田松雄のイメージを形づくってしまったのです。

自分が発信した言葉と、実際の実力のギャップが大きく、受け手に対して悪いイメージを持たせてしまいました。これは中身がない誇大広告のようなもので、周りから反感だけを買う結果になりました。

Point 2

「セルフ・ブランディング」では人を惹きつけられない

世の中には「セルフ・ブランディングの方法」に関する本がたくさん出ています。

しかし私自身は、セルフ・ブランディングなどまったく考えたこともなく、ただミッションを一所懸命に考え、それを少しずつ実行に移しているだけです。

今世の中にあふれている「セルフ・ブランディング」という言葉は、企業や商品ではなく、個人が自分自身を戦略的に広報宣伝する、という意味合いで使われているようです。とりわけ、SNS（ソーシャル・ネットワーク・サービス）が普及してから盛んに話題になっています。

しかし、私はこのトレンドに違和感を覚えています。

セルフ・ブランディングの議論は、得てして「どう見せるか」「どう見られると自分が得をするか」に終始していて、ただのテクニックになってしまっているからです。

「世のため、人のため」という、本来持つべきミッションがあり、実現するために愚直に行動をすることで、その志が外見に滲《にじ》み出して現れてくるものが、私の考える「ブランド」です。ただ外見だけを整えても意味がありません。ブランドとはどう見せるかではなく、ミッションを実行して**〝結果として滲み出てくるもの〟**なのです。

人通りがない道端で、小さな子どもが転んで泣いていたら。あるいは、ホテルやビルの個室トイレが汚れていたら、どうするでしょうか。

他人の視線はないのですから、子どもを助けようが助けまいが、トイレをあとの人のために掃除しようがしまいが、自分自身のレピュテーション（世間での評判）にはいっさい響きません。人に見られていない以上、何も実利がなく、「得」しない。だから放っておいてもいいのかもしれません。

しかし、本当の意味で自分を「ブランド化」できている一流の人は、自然な行動として、子どもを助け、トイレを綺麗にします。「自分をどう見せるか」という世間体だけのセルフ・ブランディングを考えているうちは、一流にはなりえないのです。

Point 3 ミッションと相反するブランディングは、やがて破綻する

そもそも真剣にミッションを掲げている人にとって、ブランディングなど興味がないはずです。またミッションをしっかり持たないで、セルフブランディングしても意味がありません。本来の自分とブランドがかけ離れたものになってしまうからです。

もう大昔のことになりますが、70年代を代表するアイドルタレント、キャンディーズが、1978年、人気絶頂のさなかに解散してしまいました。

解散を惜しんでコンサートにつめかけた5万人のファンに向かい、メンバーのひとり・伊藤蘭さんが、

「普通の女の子に戻りたい！」


と泣きながら思いを訴えたシーンは、あまりにも有名です。

ブランドとミッションの関係を考えるとき、私は伊藤さんの心情を勝手に想像してしまうのです。

タレントや芸能人は、本人自体が差別化を要求されるブランドであり、外見や発言が形づくるイメージ自体に商品性があるため、少なからず周囲にプロデュースされ、「つくられる」存在です。ましてや売れっ子のアイドルであれば、スケジュールはぎっしりのはずですから、起きている間じゅうつくられ続けている状況にあると言えます。

しかし、ひとりの伊藤蘭という人間の中には、きっと**「私は本当はこういう人間だ」「私はこう生きていきたい（＝ミッション）」「私のここを見てほしい」という思い、願いがあったはずだ**と思うのです。

世間に対するプレゼンテーションのされ方は、必ずしもそれとは一致していなかった。自分の本質が「虚像の伊藤蘭」として大きくなりすぎてしまい、それに沿った言動を要求されることについに耐えられなくなってしまった。それが「普通の女の子」発言だったのではないか。私は、そんなふうに想像するのです。

ミッションとブランドは表と裏の関係です。このケースは、無理をすればミッションと相反するブランドも一時的には成立しうるけれど、決してサスティナブルではない（持続できない）ことを示唆しているのではないでしょうか。だからこそ伊藤さんはギャップに苦しんだと思うのです。伊藤さんに限らず、これは多くのアイドルや有名人に起こる悲劇です。

「自分はこう生きたい」というミッションと相反するブランディングは、本人が苦しくなって、やがて破綻を招くのです。人気芸能人が精神的な問題を理由に休養してしまったりするのも、こういったことが原因の一つかもしれません。

Point 4 「○○株式会社の××さん」はブランドではない

私にとって初めての本となった『ミッション　元スターバックスCEOが教える働く理由』という書名には、著者である岩田松雄について、2つの情報が含まれています。

まず、岩田松雄という人にはミッションや「働く理由」についての思いや考えがあり、それを述べた本であること。

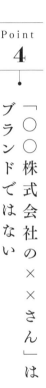

そして、岩田松雄という人は、スターバックスの元CEOであることです。

多くの読者にとって、岩田松雄は未知の人物だったはずです。わざわざ会いに来てくれた「彼と彼女」も同様で、彼女は書店の店頭でたまたま目についた本を手に取って初めて、岩田松雄という聞いたことのない人が、スターバックスの元CEOだということを知ったのです。

その後、涙を流して読了してくださったお二人には、スターバックスというブランドが持つ素晴らしさをわかっていただけたのと同時に、**目の前の岩田松雄という「普通のおっちゃん」が、もはや「スタバ元CEOの岩田さん」ではなく、「『ミッション』を書いた岩田さん」になっていることを感じていただけたはず**です。

私は肩書きこそいろいろと変化したものの、年齢を重ねるにつれて、なぜ自分は働いているのか、何のために働いているのか、という根源的なことを考えるようになりました。とりわけザ・ボディショップのCEOだった当時、「企業は世の中をよくするためにある」という考えを明確に意識してからは、経営者として迷いなく毎日を過ごすことができました。

企業は何のために存在し、私たちはなぜ働くのか、というミッションを自覚し、それを仕事を通じて愚直に実行し続けることが、私自身の「価値」＝「ブランド」だと考えています。

そんな私が「リーダーを育てる」という自分の新しいミッションに目覚めたのは、個人がダイレクトに情報を発することができるインターネットメディアに出合ってからでした。

私は、突然CEOを辞め、大好きだったスターバックスのパートナーたちのために、古今東西の名言、格言を集めたFacebookやブログも始めました。

それは、何の肩書きもない「ただの岩田松雄」の行いであり、そこで初めて私を知った人は、私を「名言好きの岩田さん」として認識したかもしれません。しかし、その段階を経ることによって、私は幸いにも、それを本という形で発表する機会に恵まれました。だからこそ、いろいろな人に思いを伝えることができるようになったのです。

もしも、Facebookやブログをやっていなければ、ほとんどの人は私のことを知らなかったと思います。仮に知っていたとしても「元スタバの岩田さん」、「元ボディショップの岩田さん」「日産出身の岩田さん」と見られていたはずです。

「○○株式会社の××さん」「営業一課の××さん」、あるいは「99年度入社の××さ

ん」はあくまであなたの所属を知らせるものでしかなく、なぜあなたがその会社で働いているのか、何を思って、どんな理想を抱いてその仕事をしているのかについては、誰にもわかりません。

本当は世界でたった一人の存在であるはずなのに、社会的にはその他大勢の状態であることを、まず意識すべきです。

Point 5

「ブランド」は管理しなければいけない

自らの内に秘めた志（ミッション）が、「他人にはどう見えているか」を意識することも必要です。そもそも他人には、自分の志が見えているだろうか。見えているとしたら、自分の志と違ったイメージで伝わってしまっていないか。それを認識することから始めてください。

「社長になりたい！」という若き日の私の志は、一部の人には「出世欲がすごい」というネガティブなイメージで伝わってしまいました。私はメッセージの出し方を間違えていたのです。

ある品質重視のブランドが、もし「成り金のための高級品」として認知されてしまっているとしたら、そのブランドは戦略の転換が必要になります。

前述の通り、**ブランドとは本来、その企業や個人のミッションが滲**《にじ》**み出てくるもの**です。高級品をつくっているメーカーや職人が、「妥協なくよいものをつくることで、世のため、人のために役立ちたい」という思いを持ち、それが顧客にしっかり伝われば、不動のファンを獲得し、100年動じないブランドになるでしょう。

しかし、それがうまく表現できなければ、どんなに質のよいものを丁寧につくっても、ビジネスとして成立しないかもしれません。**自分のミッションを他人に伝えるのは、なかなか難しいことなのです。**

ブランドを作っていく上で、もしかするとお客様を選ぶことも大切かもしれません。

戦略とは「やらないことを決めること」とも言われます。それと同じで、売らないお客様を決めることも大切です。スターバックスではお店でタバコを吸いたい方にはご遠慮いただいています。個人で言えば、付き合わない人を決めることかもしれません。

一方で、見せ方だけに長《た》けているお陰で、うまくイメージだけをつくっている「高級品もどき」も確実に存在します。

個人もまた、同様です。面白いもので、お金儲けが大好きな人、ステータスや権威ばかりに目がいく人、自分だけを大切だと思っている人の周りには、不思議と同類が集まってきます。

逆に、世のため人のために頑張りたいと思っている人が、それを表現すれば、やはり同志を呼び寄せる効果があります。

何らかのミッションを帯びて仕事をしている人は、頑張れます。会社でいい仕事をしている人には、やがて内外からいい評判が立ちます。最初は「○○株式会社の××さん」だったのが、「○○社のすごい営業担当の××さん」となり、やがて「困ったときに必ず助けてくれる営業担当の××さん」になって、もはや○○社の所属かどうかは大した問題にならなくなります。**むしろ「××さんのいる○○社」となるのです。**

以上がブランドづくりの前段として、お伝えしておきたかった5つのポイントです。これによって私がこの本で述べていきたい「ブランド」についてのイメージが、あなたの中で少し具体的になったのではないかと思います。

第2章

あなたをブランド人へと導く「ジョハリの窓」

「みんな、私の着ているものを見て笑ったわ。
でもそれが私の成功の鍵。
みんなと同じ格好をしなかったからよ」

――ココ・シャネル

心得

1

一流は「ブランド人」である

ここからは、一流のブランド人になるためのヒントを述べていきます。

街中でコーヒーが飲みたくなりました。そこに偶然、スターバックスと「スターバックスのようなコーヒーショップ」が並んでいたとします。あなたなら、どちらのドアに向かうでしょうか？

この本の読者であれば、スターバックスを支持する方が多数派かもしれません。

では、スターバックスを選んだ理由は、何でしょうか？

スターバックスのファンの方にこの質問をした場合、おそらくさまざまな答えが返ってくるはずです。

・コーヒーがおいしいから
・メニューが多彩だから
・さまざまなカスタマイズに対応してくれるから
・完全禁煙だから
・インテリアデザインが好みだから
・お店のパートナーたちの接客、笑顔が素敵だから
・スターバックスのほうが「かっこいい」と思うから

このうちのひとつだけが答えかもしれませんし、いくつかの理由が合わさって、「とにかくスターバックスに行く！」というケースもあるでしょう。どの要素にもっとも惹かれているかは、人によって違いがありそうです。

私は、これらの理由はすべて、スターバックスのミッションに起因していると思います。スターバックスがあなたにとって素敵なコーヒーショップであり続ける根本的な理由は、スターバックスの掲げている、

「人々の心を豊かで活力あるものにするために——
ひとりのお客様、一杯のコーヒー、そしてひとつのコミュニティから」

というミッションが、お店のパートナーの間に浸透しているからです。

スターバックスは、人々の心を豊かで活力のあるものにするためにコーヒーを売っているのであって、決してお金儲けのために売っているのではありません。

私が敬愛する元スターバックス役員のハワード・ビーハーは、こう言っています。

「私たちは人々のお腹を満たしているのではない。心を満たしているのだ」

このような志があってこそ、店内の心地よい空気感が生まれ、それが「スターバックスらしさ」（つまりブランド）として認知されていきます。

「○○らしさ」（ブランド）とは、ミッションがあって初めて生まれるものなのです。

心得

2

自信のある商品やサービスだけを提供せよ

店内の雰囲気が大切ならば、施設にお金をかけて、コーヒーは多少品質を落としてコストを削ったほうが儲かるのではないか、という考え方も成り立ちそうです。しかし、スターバックスは1時間ごとに余ったコーヒーを捨てています。つねに新鮮なコーヒーを出すようにコストをかけている。とはいえ、こういった努力はお客様には伝わりにくいですから、そんなことをしなくてもいいのではないか……と考えがちです。

パートナーたちの接客がマニュアル通り完璧で、インテリアに凝っていて、スターバックスに似たロゴが入った看板を掲げておけば、〝そこそこのコーヒー〟を出しても、それは一見したところ「スターバックス」です。

しかし、これは間違いです。

そこで働くパートナーたちにとって、「スターバックスのコーヒー」は誇りです。おいしいコーヒーを提供してお客様に喜んでいただけることで、パートナーたちは充実感を持てるのです。

もしも〝そこそこのコーヒー〟に品質を落としてしまったとしたら……。お客様に自信を持っておすすめできなくなり、負の連鎖が起こってしまいます（スターバックスでもかつて経験しました……）。

コーヒーのおいしさは、スターバックスがスターバックスであり続けるための根幹です。それによってパートナーたちは充実感を持ち、自信にあふれ、お客様に笑顔で接することができるのです。

素敵なインテリアデザインはそれを一段と彩り、おいしいコーヒーの香りの邪魔をする喫煙はお断りしています。スターバックスは**「自宅でもオフィスでもない第3の大切な場所（サードプレイス）」**になっているのです。

このような好循環は、ときにびっくりするような感動的なエピソードを生み出します。こうして、お客様の中に、スターバックスのロゴとともに、エクスペリエンス（経験）が刻まれ、不動のブランドが形づくられていくのです。

皆さんは、自分たちが提供する商品やサービスを心から誇りに思い、お客様に自信をもっておすすめできていますか？

ブランドづくりのスタートは、そこから始まります。

心得

3

期待を超えるからこそ感動が生まれる

「スターバックス」と「スターバックスに似たコーヒーショップ」がまったく異なるように、アップルの「iPhone」と「iPhoneに似たスマートフォン」も大きく異なります。

私もiPhoneユーザーのひとりです。

今や、iPhoneのようなスマートフォンは、さまざまなメーカーから発売されています。これからスマートフォンに機種変更しようという人にとって、iPhoneとその他のスマートフォンのいったい何が違うのかは、外見からは区別できないでしょう。そのうえ価格競争も激しくなっていて、iPhoneは他のスマートフォンより割高です。

私はアップルというメーカーや、創業者のスティーブ・ジョブズを尊敬していますが、決してアップルという企業を手放しで礼賛しているわけではありません。

かつてのアップル製品は壊れやすかったと思いますし、今でも新製品や新しいバージョンのOSが出るたび、初期的な不良やバグが話題になることも珍しくありません。またあまりに世界的な「巨人」になりすぎてしまったせいで、日本の部品メーカーなどに対する要求が一方的で、傲慢になっている、という話も聞かれます。法人税の件でニュースになったこともありました。

それでも私が結局iPhoneを選んでしまう理由は、「一度iPhoneを経験してしまうと、他とは比べる気にならない」から。そして、**「その背景にはスティーブ・ジョブズとアップルのさまざまなストーリーが隠されているから」**です。

まず、初めてiPhoneを使ってみたときの、頭を殴られたような驚きや感動。ボタンをほとんど取り払ったシンプルで飽きのこないデザインだけでなく、アプリでカスタマイズしていくという使い方の先進性。

そしてiOSの美しいデザインや、ちょっとした動きが素敵なことなど、いろいろなものが総合されて、私はiPhoneの虜《とりこ》になりました。一つひとつに、消費者の期待や想像を超える感動があったのです。

こうした経験や感動が頭の中に蓄積されてくると、やがてそうしたものに挑戦し続けてきたアップルという企業への好イメージにつながり、尊敬する心すら生まれる。むしろ、何か細かい不都合があっても、まあ多少のことは目をつぶって我慢しよう、というくらいの気持ちになってしまうのです。いわゆる「ファン」や「サポーター」になっているのです。

心得

4

一流は「人の真似」をしない

しかし、現時点でスマートフォンを経験したことがない人が量販店に足を運べば、表面上からはｉＰｈｏｎｅとその他のスマホの違いがわかりません。発売当初、ショックに近い感動を与えてくれたｉＰｈｏｎｅですが、似たような外見のスマートフォンがたくさん出てきた今、その魅力は外見だけでは決してわかりません。スペックだけを比較しても、今やｉＰｈｏｎｅに優位性はありません。しかも、価格が高い。常識的には、大きく売れる理由はないはずです。

それでもｉＰｈｏｎｅの新製品が出ると、ユーザーは競って奪い合います。アップルストアに長蛇の列ができるのは、もはや風物詩と化しました。

ｉＰｈｏｎｅを経験したことのない人たちは、それを不思議そうな目で見つめ、なぜそこまで魅力があるのかを考え始めます。

すみずみまで徹底されている「ちょっとした素敵さ」の積み重ねは、つくり手に基本的な「姿勢＝コンセプト」がなければ成立せず、ユーザーもある程度使ってみて初めて認識できるものです。

「iPhoneがこのくらいのスペックだから、私たちはそれより1万円安い価格で同等の商品をつくろう」というのが他社の発想です。

一方、アップルは「誰も見たことのない価値を供給すれば、顧客はいくらでもお金を払ってくれる。だから、いくらでつくれるかではなく、どうやってユーザーを驚かすか」と考えます。

かつてのソニーのウォークマンや、最近で言えば掃除機のルンバ、ダイソンの羽根のない扇風機・エアマルチプライアーも同様です。他人を気にすることなく好きな音楽を外にもち出せるプレーヤー。勝手にきれいにしてくれるロボット掃除機。小さな子どもに危害を及ぼしにくい扇風機。

これらには、消費者の想像を超えた、驚きと感動があります。新しいモノを世の中に生みだすという先駆者の志があります。スティーブ・ジョブズはこう言っています。

「何が欲しいかなんて、それを見せられるまでわかるはずがない」

消費者に驚きを与える商品は、スペックや価格比較などのマーケティング調査からは生まれません。彼らは見たことのないものをつくろうとしているのであって、その志と新しい商品が一体になって、お客様から「本物」と認知されるのです。「本物」とはつまり、一流のブランドのことです。

いくら「iPhoneより2割安い」「iPhoneよりバッテリーのもちがいい」と主張しても、決してiPhoneを超えるブランドにはなれません。**「もどき」はどんなに頑張っても、「もどき」でしかない。**

私の経験上、つい値段に惹かれて「もどき」を買うと大概の場合後悔します。たとえ高くても、「本物」にお客様が吸い寄せられているのには理由があるのです。コーヒーのスターバックス、スマートフォンのアップル、エンターテインメントのディズニー。志の高い先駆者こそが、ブランドなのです。

個人においてもこれは同じです。

一流の人は、人より少し身長が高いとか、お金を持っているとか、マンションの高層階に住んでいるとか、そんな細かなスペックにこだわりません。もっと大きな視野で自分や世の中を見ているのです。

心得

5

「安売りセール」は裏切り行為である

スターバックスは、今後、もし売り上げが不振に陥ったとしても、おそらくディスカウントで打開することはしないでしょう。他の外食産業のようなクーポンの配布やセットメニューの導入にも、消極的であり続けるはずです。

その理由は「それがスターバックスだから」です。

スターバックスが確固たるブランドであり続ける以上、自らの誇りにかけてコーヒーのおいしさを維持し続け、安売りすることはしない。**昨日のお客様にはコーヒーを400円で売りながら、今日から急に300円で売ったのでは、昨日のお客様に対する裏切り行為になります。**

また、ひとたび安売りをすれば、それが恒常的になり、商品の質を下げることにもつながります。前述の通り、スターバックスの要《かなめ》はおいしいコーヒーです。安売りすることは、これを脅かすことにつながってしまいます。安売りのコーヒーを売るパートナーたちは、誇りを失うことでしょう。安売りは、負の連鎖の引き金を引いてしまうことになるのです。

同様のケースは、他の業種でも見られます。高級ブランドとして認知されている化粧品やアパレルは、大前提として安売りをしません。安売りすることは、正価で買ってくれたお客様への裏切り行為になるからです。本来、この商品にはこれぐらいの価値があるとして値段はつけられています。それを**値下げするのは、自ら自分の商品に値段だけの価値がないことを認めている**ようなものです。

電気製品やクルマの価格動向をもっとも熱心に観察しているのは、これから買う人ではなく、じつは買ったばかりのユーザーです。自分が買った値段より大きく値下がりしているとがっかりするし、裏切られたと感じるでしょう。多分、次回からは他社から買うか、値段が下がるまで買い控えるでしょう。

私はザ・ボディショップで小売りを初めて経験するまで、この感覚を持ち合わせていませんでした。値下げ、大売出し、セールは、お客様が商品を安く買え、お店の販売現場も売りやすく喜んでくれる、セールスプロモーションのひとつだと思っていました。しかし、実際は違った。お客様を裏切る行為だとして、従業員たちは心を痛めてしまうことがあるのです。

それを理解していなかった私は、ザ・ボディショップ時代のある月、32か月に及ぶ連続予算達成を優先してディスカウントを進めました。しかし、これによって一時的に従業員の士気が下がってしまったのです。大変苦い思い出です。私が一番大切にしているお店の従業員は、必ずしも値引きを喜んでいないという現実に大きなショックを受けました。

心得

6

会社は「コスト削減」では再生しない

ミッションとブランドは表裏の関係です。会社や個人のミッションが外に滲《にじ》み出たものがブランドであるべきです。**だから、ミッションを掲げてから、それがブランド化するまでには時間がかかります。**

私が日本国内でザ・ボディショップを運営するイオンフォレストのCEOになったころ、業績が低迷していることもあり、社内にはミッションについて語るような余裕もなかったように感じました。

ザ・ボディショップは、創業者のアニータ・ロディックの、社会に対する怒りにも似た姿勢を投影したユニークなブランドです。化粧品の動物実験に反対し、人権や環境、「自分らしさ」を大切にするという、既存の化粧品メーカーにはない価値観を全面に打ち出していました。

それがザ・ボディショップであり、そんなアニータの姿勢に憧れてイオンフォレストに入社してきた多くの社員たち。1990年に表参道の1号店から日本での展開が始まり、7年ほどは大ブームに乗って業績を伸ばしていました。

しかし、私がやって来た2005年の時点では、大きく業績は低迷していました。売り上げよりもコストカットでお店はアルバイトばかり。研修も巡回もなく、店長たちはお客様への接客よりも会議の資料作成に躍起になっている。愛すべきお客様や従業員たちに、盗難防止の監視カメラが向けられている。店内は掃除の不徹底が目立ち、営業中にもかかわらず、搬入用のコンテナが床に転がっていても誰も気に留めない。

それは創業者アニータが見れば、とてもザ・ボディショップとは思えないような姿であり、多くのお店でアニータの持つ情熱は見受けられないように感じました。

アニータの掲げたミッションに心酔していた社員ほど、日本のザ・ボディショップであるイオンフォレストに失望しているというのです。ミッションの追求よりも社内政治。お客様への応対よりも、今週の会議で自分に向けられる追及をどう凌《しの》ぐか。環境のために始めた簡易包装へのお願いが、いつのまにかコスト削減の手段となっている。出張はダメ、トレーニングもやる必要はないなど、いかに経費を削減するかばかりが話題にのぼっている。

多くの優秀な人が「ザ・ボディショップは大好きだけれど、イオンフォレストは嫌い」と言って会社を離れていきました。

お店の構えや製品の品質は世界各国と同じはずなのに、業績は振るわず、売り上げはピーク時の3分の2に落ち込み、社員の離職率は20％超という残念な状態でした。

このような凋落は、決して一度に起きたわけではありません。業績の不振をコスト削減で補おうとした結果、店舗にはトレーニングもされていないアルバイトばかりで、「いらっしゃいませ」も満足に言えない状態でした。ましてフェアトレードや地球環境への配慮など、アニータの掲げたミッションをきちんとお客様に説明できていませんでした。そして客足が遠のき、やがて「ボディショップは終わったブランド」というイメージすらついてしまったのです。

私が再生するためにまずしたことは、ザ・ボディショップの原点であるアニータの掲げたミッションに戻り、そこからすべてを再構築することでした。

既存の従業員に私の思いを伝え、新卒社員採用を強化して、素晴らしいミッションへの理解を深めてもらいました。**「CS（顧客満足）よりES（従業員満足）」**の方針のもと、さまざまな企業改革や待遇改善により、従業員の満足度が劇的に上がり、それが顧客の満足度上昇、業績向上、そして給料の上昇と定着率の改善につながるという好循環を生み出しました。ただし、そこまで戻るのに2〜3年を要したことも忘れてはなりません。実際にブランドが回復するには時間がかかるということです。

ブランドが確立されている企業でも、志を失って目先の売り上げや不必要なコストカットをした結果、財務諸表上では、コスト削減やリストラがうまく進んでいるかのように見えます。

しかしある日突然、大木の幹の中が、がらんどうになっている事実に気づかされるのです。志を失えば、やがてブランドは色褪《あ》せてしまいます。

心得

7

「よいイメージ」はどうやってつくられるのか

企業や商品におけるブランドやイメージ、ミッションの関係を視覚的に表現したものが次のページの図です。

ブランドやイメージとは、結局表面的な「見てくれ」の話なのではないか……。そんな疑問に対する答えが、この図になるでしょう。

外から見えやすいイメージは、外から見えにくい下層にあるミッションや、それを具体化するためのさまざまな要因によって支えられています。

このピラミッド型のものが氷山のように海に浮かんでいて、イメージである上部だけが水面上にあって外から見えますが、それを支えるミッションや社風などは水面下にあり、外からはなかなか見えにくいものです。

だからブランドやイメージは、単に見た目の問題だと勘違いされやすいのです。

ブランドと
ミッションの関係

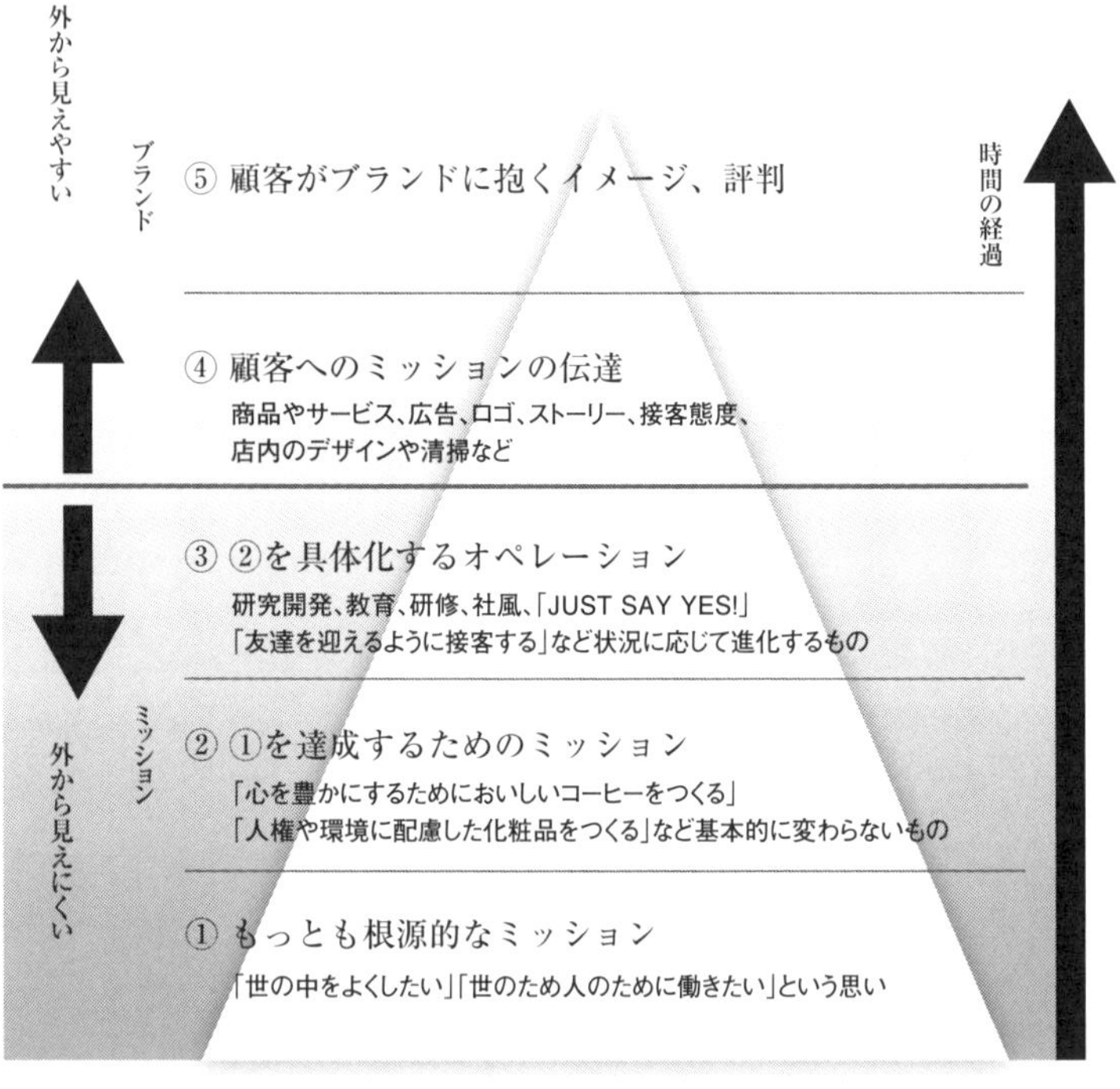

イメージをつくるのは、その下の何層かのミッション。土台がしっかりしていないのに、イメージだけをよくしようとしてもうまくいかない。

多くの企業は、ブランドを構築している企業の水面上の部分だけをコピーしようとしてしまいます。

「ロハスっぽいブランド」　※ロハス…健康で持続可能なライフスタイル
「おしゃれなカフェ」
「若者好みの商品」

といった表面的な部分をいくら真似ても、スターバックスにはなれません。やがて水没し、瓦解してしまいます。**ブランドは、決して表層的な部分だけでつくられるような底の浅いものではありません。ミッションを土台とした、いくつかのレイヤー（階層）の上に成立しているものなのです。**

そしてこれは、企業にだけ当てはまるものではありません。私たち、個人にとっても同じことです。人に対するイメージは、その人がどれだけの志（ミッション）を持って生きているかによって、まったく異なります。

少なくとも私は、志を持って愚直に進む人が大好きです。

恋人や友人も同じではないでしょうか。若いうちは、髪形や服装、持ちもの、口がうまいかどうかなどで相手を判断しがちです。ところが、ちょっと付き合ってみたら、尊大だったり、わがままだったり、ケチだったり、薄っぺらだったりすることも、よくある話です。

しかし、さほど意識していなかった相手であっても、内面にどんな思いが存在するのか、どんな背景が隠れているのかを知る機会があると、共感し、尊敬し、応援し、一生付き合うような関係を築けることがあります。また、そういった人の風貌は付き合いが長くなればなるほど素敵に見えてくるものです。

それは長く深く付き合うことで、普段は人前に出ないその人の志がわかるようになるからです。付き合えば付き合うほど、もっと仲よくなりたい人もいれば、その逆の人もいます。

結局は、**その人がどういった志で生きているかがとても大切**だということです。

心得

8

「ジョハリの窓」の開放の窓を広げよ

では、より深く個人のブランドについて考えてみましょう。次のページの図をご覧ください。

このマトリックスは**「ジョハリの窓」**と呼ばれるもので、コミュニケーション学や心理学で頻繁に用いられる図です。この図には4つの窓があります。

第1の窓…開放された窓（自分も、他人も、知っている自分）
第2の窓…隠された窓（自分だけが知っていて、他人は知らない自分）
第3の窓…盲点の窓（自分は知らない、他人だけが知っている自分）
第4の窓…未知の窓（自分も、他人も、知らない自分）

ジ ョ ハ リ の 窓

	自分は知っている	自分は知らない
他人は知っている	第1の窓 開放された窓 （自分も、他人も、知っている自分）	第3の窓 盲点の窓 （自分は知らない、 他人だけが知っている自分）
他人は知らない	第2の窓 隠された窓 （自分だけが知っていて、 他人は知らない自分）	第4の窓 未知の窓 （自分も、他人も、知らない自分）

私は日産の新入社員研修でこの「ジョハリの窓」に出合い、この考え方に強い印象を持っています。この図全体が自分自身です。しかし自分とは一体何かを知ることはとても難しいことです。この「ジョハリの窓」がそのヒントを与えてくれます。

私は、本当は誰もがミッションを持っていてその結果ブランドができる、と考えています。このジョハリの窓こそが、自分探しのヒントです。「自分にはこれといった特別なものがない」「人に誇れる個性がない」と悩んでいる人がいますが、本当の問題は、**ブランドがあるかないかではなく、自分のミッションにまだ気がついていないこと**なのです。

ならば、まだ見ぬ自分を探すため、自分自身を再発見、発掘する必要があります。

ここで役立つのが「ジョハリの窓」なのです。

では、この観点から私がアレンジした「岩田流ジョハリの窓」を見ていただきます。

「自分は知っている自分」を「ミッション」とします。
「他人は知っている自分」を「ブランド」とします。

岩田流ジョハリの窓

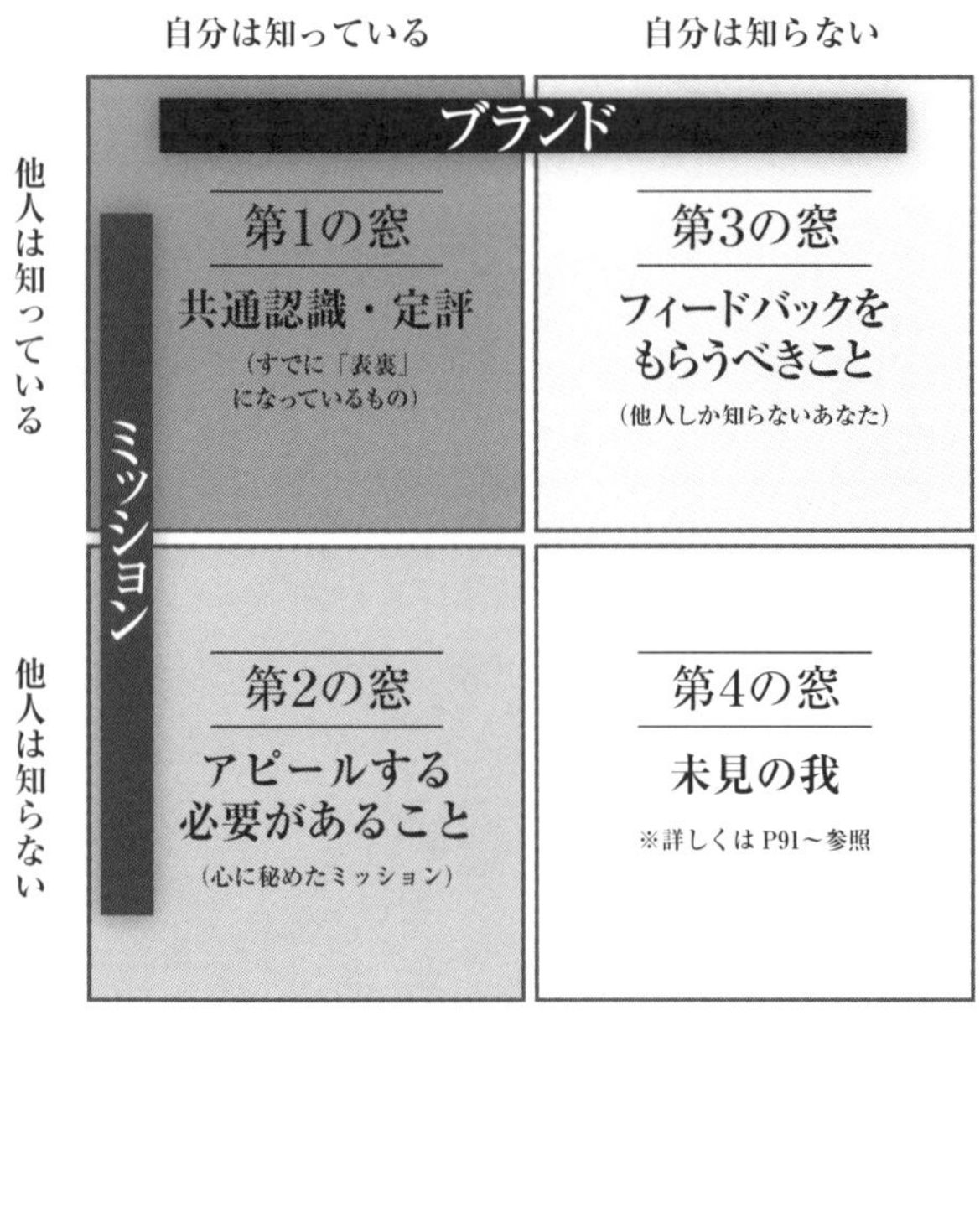
自分は知っている
自分は知らない
他人は知っている
他人は知らない
ブランド
ミッション
第1の窓
共通認識・定評
(すでに「表裏」
になっているもの)
第3の窓
フィードバックを
もらうべきこと
(他人しか知らないあなた)
第2の窓
アピールする
必要があること
(心に秘めたミッション)
第4の窓
未見の我
※詳しくはP91〜参照

「自分は知っている自分」とは、つまり自分自身から発する志であり、その内容が他人にも知られているか、知られていないかで、上下に分かれます。

一方、「他人は知っている自分」とは、あなたのイメージや表層的に滲み出ているもののこと。つまりブランドです。自分で意識しているイメージと、自分では気づいていない他人が抱いているイメージとで、左右に分かれます。

このうち、第1の窓は、ミッションとブランドが重なっていて、「ミッションとブランドは表裏」がすでに成立している部分です。この部分は、自分と他人のコンセンサス、定評が成立しているということになります。

私自身を例として使えば、「専門経営者になる」という志を持って、ザ・ボディショップやスターバックスのCEOを務めてそれを実践し、多くの人に知られています。これが私の「第1の窓」です。

今では、リーダーシップ教育者として本や講演によってそれを広めようとしている。

ただし、「リーダーシップ教育者」としてのブランドはまだ確立しておらず、「元スターバックスCEO」から脱皮できていません。今の私は経営者やリーダーを育てることをミッションにしていますが、それはまだあまり知られていません。これが「第2の窓」。

講演や本で偉そうにお話ししていますが、私も30代までは何を自分自身のミッションにしてよいのか、はっきりとはわかっていませんでした。それが「専門経営者」というミッションが徐々に明確になり、経営者として実績を積んでいくことで、世間に少しずつ知られていくようになりました。

スターバックス退職後、「専門経営者」から「リーダー教育者」に自分のミッションを進化させました。しかし「元スターバックスCEO」というブランドからなかなか抜け出しきれませんでした。その後、本を書くことやビジネススクールで教えることで、徐々に「リーダーシップ教育の岩田」に進化しつつあります。

自分のミッションを愚直に達成しようと努力していれば、それが知られていき、この第1の窓が徐々に大きくなっていくのです。

心得

9

思いを表明し、「自分の知らない自分」を教えてもらう

さらに「第1の窓」を大きくするためにはまず、「第2の窓」にフォーカスします。**自分の心の中には存在しているけれど、他人には知られていないミッション。**あるいはまだ表明していない信念や理想。これをどうやって他人に知ってもらうかが大切です。

私にとってそれは、社長時代の社員へのマネジメントレターであり、現在ではブログやFacebook、本の執筆、講演活動などです。これだけSNSが発達した社会ですから、自分自身の思いを表明することは、それほど難しくないはずです。

また、「第1の窓」を大きくするためには、「第3の窓」の存在に気づくことも大切です。**他人が知っていて、自分ではわからない自分。**この窓を第1の窓にするには、

良いことも悪いことも謙虚に他人からのフィードバックを受け入れることです。日本人は他人から長所を誉められても素直に聞かないことがあります。たとえ実際の事実と違っていても、他人からそう見えているのは事実なのです。

私はアトラスの社長時代、会社説明会の予行練習をしていたときに、「岩田さんは、包容力のある、なかなかいい声をされていますね」と誉めてもらったことがあります。

私はそれまで、自分の声がいいなどとは考えたこともありませんでした。むしろそれまで自分の声に劣等感をもっていたのですが、ふとした指摘でじつはまったく反対の評価を聞かされ、びっくりしました。こうして自分の声にも少し自信が持てるようになりました。

自分の殻に閉じこもらずに、つねに他人から指摘やフィードバックを受けやすい空気をつくることで、意外な自分の特徴に気づかされることがあるのです。

心得

10

「未見の我」を探しなさい

本章の最後にお伝えするのは、私がこの本で考えていきたい重要なテーマのひとつ、「第4の窓」についてです。

他人はおろか、自分も知らない自分。そんなものをどうやって見つけ、活かすのか。

私はこのマトリックスの中で空白となっている「第4の窓」を見て、著名な経営コンサルタントでタナベ経営の創業者、田辺昇一さんが繰り返し言及されていた次の言葉を思い出します。

「未見《みけん》の我《われ》」

私はこの言葉が大好きです。

この言葉が意味する「まだ誰も知らない自分」には、無限の可能性が存在する気がするのです。

別に難しい話ではありません。

多くの人は、ためらってなかなか新しいことに挑戦しません。人は変化を恐れます。それではいつまで経っても自分の可能性は広がっていきません。

ところが、他人はおろか、「自分も知らない自分が存在する」と信じれば、あなたの可能性は無限に広がっていきます。できない、不得意、と決めつけてしまっていたことであっても、「やってみれば意外にできるかもしれない」と思えば、新しい一歩が踏み出せるはずです。

「未見の我」を掘り起こすために必要なことは、新しいことにチャレンジする「勇気」を持つことです。

勇気を持って新しい世界に踏み込み、自分自身に刺激を与えて反応を見るのです。

多くの物語の主人公はたいてい旅をしています。新しい人と出会ったり、新しい事件が起こったり。

意外な自分を発見するのは、いつも旅の途中です。

『オズの魔法使い』も『不思議の国のアリス』も、旅と冒険を通じて成長し、主人公はひと回り大きくなって帰ってきます。

何も物理的な旅行でなくてもよいのです。ひょっとするとそれは頭の中だけで、できるかもしれません。自分が今までできなかったこと、チャレンジしてこなかったことが、とてもうまくできるようになるシーンを想像してみてください。

そして次には、**その夢を実現させるために、具体的に一歩を踏み出してみる**ことです。通信教育でも学校でもいい。その夢を実現させている人に会いに行くのでもいいでしょう。

本屋さんに行って、関連する本を買って読んでみるだけでもいい。

具体的な行動を起こすのです。

それがまさしく新しい自分探しの旅の始まりです。

たとえば私自身、本を書くなどと私も周りの人も想像したこともありませんでした。チャンスをもらって勇気を持ってチャレンジをすることで、何冊ものベストセラーを出すことができました。あなたのポテンシャルは、他人はおろか、あなた自身ですら未だ知り得ないことがあり、事実上無限大です。きっとスティーブ・ジョブズがアップルコンピュータ社を立ち上げたときも、今のアップルの姿を思い描いていたわけではなく、「未見の我」を信じたからではないかと思うのです。

新しいチャレンジをして、まだ見ぬ自分を発見してください。それによってあなたのミッションはより深く、しっかりしたものになり、それが大きな土台となってあなた自身の新しいブランドができあがっていくはずです。

第 3 章

一流企業に学ぶ ブランドの築き方

「会社の文化と会社のブランドは
本質的に一枚のコインの
表と裏だと信じているのです。
ブランドは初めは文化に
遅れをとるかもしれませんが、
いつかは追いつきます。
企業文化こそがブランドなのです」

――トニー・シェイ

心得

11

一流には「伝説」がある（YKKに学ぶ）

私がCEOを務めてきたスターバックスやザ・ボディショップは、多くの人たちから尊敬されているブランドです。

企業や商品の永続的な成功は、「ブランド化できるかどうか」に強くかかっています。成功したこれらの企業の姿勢やノウハウを学ぶことは、個人が自分自身のブランドを確立する上でも大変役に立ちます。

この章では、私が実際に見てきた一流ブランド企業から、学ぶべきブランド構築のヒントを探り、個人のためにどう活かせるかを解説していきます。

私が企業ブランドを考える上で最初に思い出すのが、ファスナーで世界トップシェアを誇っている「YKK」です。

じつはとても個人的な経験に基づいているのです。

私が就職活動を始めた大学4年生のとき、当時は吉田工業という社名だったこの会社に少しだけご縁があり、採用面接を受けることになりました。結果として入社はしなかったのですが、**面接後、社長のお名前で、とても丁寧な手紙が送られてきたのです！** 40年以上経った今でも強烈な印象として残っています。一人ひとりの学生にそのような丁寧な手紙をいただけることなど、想像もできなかったからです。

入社をお断りした一介の大学生に対して、企業がわざわざ社長名で手紙を出し、「今後のご活躍をお祈りいたします」という内容の、通り一遍ではない文面の手紙を送ってくださったのです。今の時代のいわゆる「お祈りメール」とはまったく違う、心のこもった手紙でした。

人事担当者個人の丁寧な仕事の結果なのか、YKKの「善の循環」（他人の利益を図らずして自らの繁栄はない）という経営理念の一端を示しているのかは、私にはわかりません。ただ、手間を惜しまずに、人の心を動かすような手紙をわざわざ送っていただける温かさに、大変感激しました。

私の中では、そのときの印象から、いまだにＹＫＫのブランドは圧倒的な存在です。海外で買った洋服のファスナーがすぐに壊れてしまったとき、確認するとやはりＹＫＫ製ではありませんでした。こんなとき、

「やっぱり、ＹＫＫじゃないとダメだな」

と強く思うのです。まさにブランドです。

本当にそうなのかはわかりませんし、読者の中にはＹＫＫのファスナーが壊れてしまった経験をお持ちの方もいるかもしれません。もしかすると、新興国のメーカーもキャッチアップしているかもしれません。

しかし、いまだＹＫＫのファスナーに裏切られたことがない私には、さらに**〝丁寧な手紙〟をいただいた「個人的な経験」が加わることで、不動のブランドと化しています。**一流ブランドは、多くの特別な個人的接点を持っているのです。

心得

12

裸足で工場を歩けばわかる（ユニバンスに学ぶ）

現在は合併してユニバンスという社名になっていますが、かつてのフジユニバンス、さらに以前の富士鉄工所という社名を聞いてピンときた方は、自動車業界関係者か、相当のクルマ好きのはずです。スターバックスやザ・ボディショップ、あるいはYKKのように一般消費者に商品やサービスを売っているわけではないからです。

しかし、この機械加工メーカーは、私に製造現場について多くのことを学ばせてくれ、素晴らしい社風を構築して全社一丸となって頑張ることを教えてくれました。

日産自動車に入社して2年目のことです。富士鉄工所は従業員800人ほどのトランスミッションの部品をつくっている中堅機械加工メーカーでした。

自動車産業は巨大で、一般的に「10％産業」と呼ばれています。タイヤ、ガラス、鉄鋼などとても裾野が広い産業で、日本のGDPの10％を自動車関連の企業が生み出していると言われています。日産やトヨタの完成車メーカーは、クルマ1台のうちのじつに約70％の部品を外部から調達し、いわゆる「系列」の部品製造企業から多くの部品を購入していました（後に日産はゴーン革命により、系列を崩していったようですが）。

しかし、富士鉄工所は日産への依存度が比較的低く、独立系であり、複数のクライアントを相手に、ものづくりの技術と品質で勝負していたメーカーです。私は、独立系にはおしなべて活気があり、営業担当から現場まで緊張感とやる気を併せ持った人たちが多く集まっている、という印象を持っていました。

私は本社の購買の外注指導をする担当者として、富士鉄工所のTQC（全社総合品質改善）活動のお手伝いをすることになりました。

「社長になる！」と公言していたくらいですから、私自身やる気は人一倍あったと思います。一方で先方は、**「また日産のご本社様から偉そうな若造が来たか」**というのが偽らざる気持ちだったのではないかと思います。いくら若造でも得意先から送り込まれているのですから、邪険に扱うわけにもいきません。

しかし、とにかく当時の私は一所懸命でした。作業着に着替えて油まみれになりながら、製造ラインの皆さんと改善案を考え、毎回泊まり込んで改善活動に取り組みました。

そんなある日、夜遅くまでチームのメンバーと真剣に議論を重ねている私を見て、当時そのプロジェクトの最高責任者だった専務が突然こう言いました。

「岩田さん、これからは考えるところはすべて任せる。岩田さんが指示したことはすべて実行する」

若造の本気に、会社をあげて応えてくれると約束してくれたのです！

後年富士鉄工所は、日産品質管理賞、そして品質管理の最高の賞であるデミング賞も受賞しました。私も我がことのようにうれしかったのを覚えています。ＢtoＢの企業にとっては最高のブランド、勲章を手に入れたのです。

私は日ごろから、工場内のモデルラインについて**「裸足で歩けるくらい徹底的に切りくずを掃除してほしい」**とお願いをしていました。

販売店への異動で担当を離れることになり、最後の挨拶にうかがったとき、私はすぐにモデルラインを確認しに行きました。すると約束通り、すみずみまできれいに掃除されています。

私は、躊躇《ちゅうちょ》することなく安全靴と靴下を脱ぎ、機械ラインの床を裸足で歩き始めました。すごい！　たったひとつの切りくずも落ちていない、完璧に清掃されたモデルラインでした。あまりのうれしさに、最後まで本気で応えてくださった専務にお礼を言おうと振り返ったところ、親子ほど年齢の離れた専務は、私の様子を見て涙を流してくださっていたのです。

私は、この専務さんが大好きでした。若干体調を崩されていたので、訪問の度に「富士鉄工所の最大のリスクは専務の体調です」と言って、無理をなさらないようにいつも気づかっていました。富士鉄工所は、トップから工場の作業者の方まで、会う人会う人、みなとても人がよいのです。**日産を辞めて、ここで皆さんと一緒に働きたい**と思うほど、本当に惚れ込んでいました。

私は、ザ・ボディショップやスターバックスで働くはるか前から、静岡で高い志を掲げて働く人々が、素晴らしいブランドを築き上げる姿を見ていたのです。今から考えると、当時の富士鉄工所の製造現場の雰囲気とスターバックスのお店の雰囲気は、とてもよく似ている気がします。

心得

13

ブランドは優秀な人材を世に出し続ける（リクルートに学ぶ）

私は今まで国内外の大手企業、ベンチャー企業など多くの企業とお付き合いさせていただきました。企業の持つミッション（経営理念）と外部から見たブランドが一致している企業として、真っ先に思い浮かぶのはリクルートです。各界に経営人材を輩出し、つねに新しいことにチャレンジしている企業の代名詞となっています。

今では使われなくなった、リクルートの有名な社訓があります。

「自ら機会を創り出し、機会によって自らを変えよ」

これは、ドラッカーに私淑《ししゅく》されていた創業者の江副浩正さんによってつくられたと聞いています。たしかにこの社訓は、「変化を脅威でなくチャンスととらえること」と繰り返し説いていたドラッカーの考えに通じるものを感じます。

リクルートは、この社訓のように、自ら機会を創り、新しい商品やサービスを生んで世の中を変えてきました。しかし、それ以上に素晴らしいのは、優秀な人材を世の中に送り出し続けた、「人材輩出企業」であることです。「リクルート出身」ということそのものが、ビジネス界のブランドになっているのです。私の周りにもじつに多くの元リクルートのサムライ、大和撫子《やまとなでしこ》がいます。全員個性があり、個として独立の気概をもっています。リクルートは、まさしくこの社訓に沿ったブランドイメージを持っています。

スターバックスの店長さんは、他の小売り企業からのヘッドハンティングの標的になっています。またスターバックスでアルバイトをしていたことは、就職に有利なパスポートのようになっています。まさしく、分野は違えどリクルートと同じような人材輩出企業へと成長しています。

私はスターバックスのCEO時代、知り合いのお母様から、間接的にお礼を言われたことがあります。

「娘は3年間スターバックスでアルバイトをして、本当に多くのことを学ばせていただきました。娘は学校を卒業するとともに、スターバックスも卒業しますが、本当に感謝しています。ありがとうございました」

そのメッセージを受けたとき、私はCEOであるだけではなく、スターバックス大学の学長なのではないかと感じました。スターバックスで働くことを通して、多くの学生さんや若い人がコーヒーの知識はもちろん、チームワーク、思いやり、コーチングなどさまざまなことを学んで巣立っていく。これはまさしく「スターバックス・ユニバーシティ」だと。このこと自体が社会貢献ではないかと感じたのです。

教育に関しては、今後も力を入れていきたいと強く思いました。優秀な人材が、数多く育つことで有名なスターバックス。学生時代にここでアルバイトをしていたことが、今では企業の採用において、強いブランド力にすらなっています。

ミッションが徹底され、その企業が生み出す商品やサービスに乗り移り、それがお客様に伝わってブランド化します。だからこそ、ミッションはブランドと表裏になっているのです。ブランドの純度が高まるにつれ、そこで働く人々と結びつき、**最終的にはそこで働く人材、働いていた職歴そのものが高い価値を帯びていく。まさに、ブランド化するのです。**

本当にミッションをしっかり持った会社で働くことは、給料をもらいながら多くのことを学んでいくトレーニングです。これ自体が、企業の社会に対する還元、貢献なのです。SDGs（持続可能な開発目標）やCSR（企業の社会的責任）よりも先に、経営者が考えるべきことだと思います。スターバックスやリクルートのような企業が増えていけばよいと、心から願っています。

心得

14

感動経験がブランドをつくる

企業をブランド化するためには、**トップ自らが本気になって、ミッションを実現しようと真剣に取り組む必要**があります。

トップが全社に向かって繰り返しミッションを伝え、幹部から若い社員・アルバイトにまで浸透させていく必要があります。

その結果、お客様に製品やサービスを通してミッションが具現化し、ブランドになるのです。

拙著『ミッション』で、スターバックスのあるお店の常連だった女子高校生が、心臓の移植手術を受けるためにアメリカに旅立つ前、通っていたお店の「シナモンロールが食べたい」と希望し、パートナーが就業時間外の早朝の駅に届けたというエピソードを紹介しました。

残念ながら帰国が叶《かな》わなかった彼女のお父様が、「御社にはこんなに素晴らしい方がいる。どうか大切にしてください」と、わざわざ私宛にお手紙で知らせてくださいました。

その事実を知った私は、経営責任者としては就業規則を適用し、そのパートナーを叱責するべきだったのかもしれません。営業時間外に、店舗の外に商品を持ち出すとは何事か、と。当然私はそうはしなかった。そのパートナーは、スターバックスの「人々の心を豊かで活力あるものにするために」というミッションに従って立派な行動をしてくれました。スターバックスの背骨を作ったハワード・ビーハーは、こう言っています。


「道徳、法律、倫理に反しない限り、お客様が喜んでくださることは、何でもして差し上げること」

このパートナーは、心臓病の手術のためにアメリカに行く彼女の心を、少しでも豊かに、活力あるものにするため、自ら考えミッションに従った行動をしたのです。

CEOである私が、この手紙を全社的に紹介してパートナーの行動を誉めれば、ミッションはルールやマニュアルよりも大切であるとのメッセージになります。他のパートナーもミッションに従った行動をすることを勇気づけられ、ミッションを実現するための方法を自分自身で考えるようになります。そして、マニュアルでは絶対につくれない感動的なストーリーを生み出していくのです。

一般的に外食チェーン店は、〝マニュアルの徹底〟という管理方法をしています。マニュアルが絶対だとすれば、品質はある一定レベルを維持しやすくなりますが、決してそれ以上の商品も、サービスも生まれません。彼女のお父様がパートナーに頭を下げて依頼しても、規則を理由に「お気の毒ですが、当社の決まりでは、商品を店の外にお届けすることはできません」と断るしかありません。

私たちは何のために働いているのか。

自分たちは何のために存在しているのか？

ミッションは規則やマニュアル以上に大切な誓いです。働く人たち一人一人がミッションを考え続けている企業だけが、お客様にかけがえのない経験を与えられる「ブランド」になっていくのです。

商品自体でなかなか差別化しにくい現代社会において、**ブランドをつくるのは、お客様の期待や想像を超えた感動経験**なのです。

心得

15

「愛社精神」がなければブランドにならない

ブランド企業になれるかどうかは、**その企業の従業員が、どれだけ会社に対して愛社精神を持っているかどうか**にかかっています。自分の会社に誇りを持っているかどうか。社員が愛していない会社や商品が、お客様にとってブランド価値を持つ、などということはありえません。

その好例は、やはりスターバックスに見ることができます。スターバックスを支えている大勢のパートナーは、アルバイトの人たちです。社員のじつに10倍以上のアルバイトが勤務しています。

そして一度辞めたパートナーが、再び戻ってくるケースも多いのです。多くの場合、辞めたきっかけは会社や店が嫌いになったからではなく、就職や結婚で働けなくなっ

たり、転居などで生活環境が変わってしまったりしたことが理由です。こうして笑顔で送り出したパートナーが、

「またスターバックスで働きたい」

と戻ってくる。

スターバックスは、アルバイトに対しても教育や研修を手厚く行っていますが、決して給料が高い職場とは言えません。

それでも、有名大学を出て、有名大企業に就職したはずの元パートナーが、給料が半分になろうとも戻ってくる。かつては店長クラスの仕事を任されていた人が、まったくのアルバイトとして別の店舗に戻ってきたこともあります。

まさしく、**スターバックスで働くこと自体が報酬**なのです。お店で働くことが、楽しくて楽しくて仕方がないのです。

一般的に企業で働くことの大きな目的のひとつは、経済的な報酬です。ところがパートナーたちの優先順位はお金がトップではありません。とにかくスターバックスで働きたい。スターバックスで働くことそのものに、自分が生きていることの価値を見出しているのです。

企業に対してブランド力を感じるのは、決して顧客だけではありません。従業員もそうなのです。

富士鉄工所の社員たちは、なぜ夜遅くまで働くことを喜びとするのか。それは、お金ではない何か大切なものを会社から得ているからです。社員の一人ひとりが「愛社精神」を育《はぐく》めるかどうかが、その企業がブランドになるための必要条件なのです。

心得

16

もしもコーヒーを投げつけられたら

店舗では、ときどき思いがけないことが起こります。これは友人から聞いた実際に起きた話です。

スターバックスのあるお店のカウンター。注文したアイスコーヒーを受け取ろうとしていた若い男性が、出し抜けに、大声で怒鳴り始めました。パートナーも、周囲にいた他のお客様もびっくりしています。多分頼んだ商品と違うと因縁をつけていたようでした。

見ると、彼は反社会勢力と思《おぼ》しき風体《ふうてい》です。

急に店内を支配する恐怖感。凍りついた空気の中で、応対していた女性のパートナーだけは、あきらめずに彼の「言い分」を聞こうとしています。

ただ、彼はなぜかひどく興奮していて、何を言いたいのか要領を得ません。はた目には、ほとんど意味不明なことを叫んでいるようにしか見えなかったそうです。彼は言いたいだけの罵声《ばせい》を女性パートナーに浴びせた後、そのまま店を出ていこうとしました。

ようやく店内には安堵の空気が満ち始めていました。

ところが彼女は、彼がカウンターに置いていったアイスコーヒーを持って、追いかけ始めたのです。

せっかく帰ろうとしているのに、なぜわざわざそんなことを？　そう周囲が考えている中で、彼女は笑顔で彼にこう言いました。

「これはお客様のために淹れたコーヒーですから、どうぞお受け取りください」

そして頭を下げ、アイスコーヒーを手渡したのです。本当の事件は、このあとに起きました。

彼女がカウンターに戻ろうと背中を向けたときのこと。彼はいっそう興奮し「なめるんじゃねえぞ！」と大声で怒鳴って、受け取ったアイスコーヒーを女性パートナーに投げつけたのです。幸いにも狙いは外れましたが、せっかく彼女が差し出したアイスコーヒーは、床にぶちまけられてしまいました。

再び店内は緊張感に包まれます。その場の誰もが、「ああやっぱり、だから言わんこっちゃない」と思ったはずです。

しかし彼女は毅然と彼のほうに向き直り、下げなくてもいい頭を下げ、丁寧に「非礼」を詫びた後、黙々と片づけを始めました。

すると、その様子を見ていた彼の態度は、少し変わったと言います。罵声を浴びせてもめげず、相手をしてくれる女性パートナーに少しバツが悪くなったか、あるいは気が引けたのか、周囲からは彼女の気合いに負けたように見えたそうです。

そして、それまでの勢いとは打って変わったような小さな声で、「バーカ」と最後の虚勢を張り、立ち去って行きました。

コーヒー一杯に対する命がけの、勇気あるパートナーの気魄《きはく》を目の当たりにし、友人は言葉をのみ、彼女の勇気に感動し、ますますスターバックスというブランドへの尊敬を深めました。

相手が誰であろうと、誠実に、寄り添い、最善の対応をする。しかも、それをあきらめずに徹底する姿。それは、一般的には理解し難い行動をとっていた彼の心をも揺さぶってしまったのではないかと思います。

こんなことは、たとえ毎日スターバックスに通おうと、おそらく目撃しない異常事態かもしれません。しかし、こういったブランド伝説は口から口へと広がっていきます。今ならSNSで燎原《りょうげん》の火のごとく広がっていくことでしょう。

「ブランドになる」ということは、宣伝広告ではなく感動経験の積み重ねです。このような「体験」は、お客様だけでなく他のパートナーの共感も呼び起こし、ブランドの強化につながっていくのです。

反対に、悪い情報もあっという間に広がっていきます。飲食チェーン店での不適切な動画が拡散され、大きく店のブランド価値を下げてしまったという例もありました。

心得

17

テレビCMではブランドはつくれない

日本のスターバックスは基本的にマス広告をしません。しかし、その存在感は圧倒的です。広告やCMは、不動のブランドを築くために必要不可欠なものではない、ということをスターバックスは教えてくれます。

私は、企業がテレビCMに多額のお金をかけて一時的に知名度は上がったとしても、本質的なブランド価値が向上することはないと考えています。企業のブランドは、企業自身が全身全霊をかけてつくるのであって、広告代理店がつくるものではありません。

ブランドは、お金では買えない。見せかけの広告やCMを、消費者は見破ります。決して共感を呼ばない。奇抜な広告は印象には残るけれど、肝心の企業名や商品、ましてやその企業の姿勢などは、ほとんど伝わってこないのです。

私は、広告やＣＭ、広告代理店の存在を否定しているのではありません。80ページのピラミッドの図で言えば、広告やＣＭは、水面上に出ている部分であって、その土台が存在しているからこそ、水の中から顔を出していられるのです。

血のかよった広報宣伝部や広告代理店なら、企業のイメージＣＭをつくろうと考えたとき、その土台である**ミッションをいかにうまく伝えるかに情熱を燃やす**はずです。

ところが世の中には、広告代理店にミッションそのものを考えさせる経営者がいます。代理店が考えたコピーを、会社のミッション・ステートメントとして崇《あが》めてしまっているケースもあります。

ある企業のマーケティング戦略のご相談を受けたときの話です。大手代理店からの提案は、テレビＣＭに何億円も投入するという安直なものでした。そもそもその企業のミッションが何で、それをどう伝えていくか（まさしくそれがブランディングです）という議論はいっさいなく、効果が曖昧なテレビＣＭに何億円もかける提案をする代理店の企業姿勢そのものを疑い、直ちに見直すよう進言しました。

広告の技術的なうまさや話題性は、ヒット商品や一時的ブームの発生に結びつくことが確かにあります。おもしろCM、インパクトのある商品名、今が旬のCMキャラクターがそれを支えます。

ただそんな見てくれは、才能のある人にお金さえ払えば、どの会社でも簡単にできてしまいます。

しかし、土台となるミッションがなければ、どんなにうまく広告をつくっても、一瞬水面に顔を出すだけです。やがて飽きられ、ブームが終われば沈んでしまう。一時的な効果しかないのです。何よりも商品を使ってみたり、お店で接客を受ければ直ちに嘘はバレてしまいます。

だからこそ、よいブランドをつくりたいのなら、まずは土台であるミッションを真っ先に見つめ直すべきです。**自分たちは何のために存在しているのか？**と。

それが明確でなければ、真剣に構築し、社内に浸透させることのほうが、高いお金を出してCMをつくることよりもずっと大切なことなのです。

心得

18

「営業担当 岩田松雄」をブランドにするには

企業がブランド化していくプロセスを、個人のブランディングにも応用するため、営業担当を例として考えてみます。営業担当の多くは、個人ではなく組織に所属しています。しかし、優秀な人ほど、会社名ではなく、個人名で営業しています。

裸足で富士鉄工所の工場ラインを歩いたあと、もらった辞令は大阪の販売会社の営業担当でした。

80年代、日産自動車は苦戦している国内の営業支援のため、本社や工場から3000人の社員を販売店に出向させていました。私もそのひとりとして、大阪のディーラーで1年半にわたってクルマを売りました。

当初私は、この異動が嫌で仕方がありませんでした。富士鉄工所での生産管理の仕事に真剣に打ち込んでいましたから、異動が残念でならなかったのです。

ただし、富士鉄工所での私の役割は、あくまで「日産自動車ご本社様購買の岩田様」として取引先に行くことでした。

反面、販売ディーラーに出向すれば、お客様からすれば私は一介の営業担当であり、「日産の本社社員」などという威光はまったく通用しません。特に大阪地区では日産がとても弱く、「日産サニーの岩田です」と言っても、お客様が家に招き入れてお茶を出してくれるわけではありません。インターホン越しに邪険に断られたり、居留守を使われたり、まるで邪魔者扱いです。

おまけに、ディーラーのプロパー社員たちからは「本社から来た腰掛けの出向者」と煙たがられ、最初は「こんなこともわからないのか」と馬鹿にされました。注文書の書き方など、基本から教わらなくてはなりませんでした。

何よりも、自分が100万円以上もする車を売ることができるのか、とても不安でした。

私はここで初めて、「日産の岩田」からひとりの「営業担当の岩田」になる経験をし

ました。私が営業すべきエリアとして与えられたのは、営業所から遠くて小さなテリトリーでした。前任者も日産の工場からの出向者でしたが、ほとんどクルマが売れず、日産車に乗っている人が少ない地区でした。

そんな中、私は何せセールスの経験値ゼロ、客先で断られるどころか、まず話すら聞いてもらえなくて当たり前、という状況。**そのためには、日産車を買ってもらうのではなく、「岩田松雄」を買ってもらうより他にない。そのためには、自分で工夫し、知恵を絞っていくしかありません**。

とりあえず、右も左もわからない〝素人〟営業担当として、何か目標を持とうと思いました。各販売会社には、日産の本社や工場から30名程度が出向になっていて、そこで顕著な成績を収めれば社長賞がもらえるという制度がありました。しっかり実績を挙げて自分をブランド化するチャンスだと思い、**絶対に社長賞を取るという目標**を立てました。

ともかく私は、クルマを1台でも多く販売し、誰からも文句を言われない成績を挙げ、自分の実力を示そうと決めたのです。

1日100軒の飛び込みをノルマに、チラシを1軒1軒配り、名刺をクルマのワイパーにはさみ、飛び込み営業をかけ、話を聞いていただくきっかけをつくる。新婚でしたが、販売会社の中で一番厳しいと言われた所長から、「岩田、もう休めや」と言われるほど、最初の3か月間休みなく働きました。トップセールスマンの本も20冊以上読みあさりました。少しずつ経験を重ね、販売テクニックを身につけ、徐々にお客様からの信頼を得ていきました。

結果、1年半後には、出向者でダントツ1位の台数を販売し、歴代出向者の新記録をつくりました。同じテリトリーの前任者の9倍の台数、2位の3倍の台数を売ったのです。出向先のディーラーに600人いた全営業担当の中で、粗利益第2位の実績を挙げ、念願の日産本社の「社長賞」を受賞することができました。

実際、クルマを売ることは本当に大変でした。何度も挫《くじ》けそうになりました。しかし、最後まで頑張れたのは、「社長賞を獲る」という明確なミッションがあったからだと思います。やればできるという大きな自信にもなりました。

心得

19

「この人から買いたい」と思ってもらう方法

一人の消費者として、特に高額な商品を買うときにいつも考えるのは、**「この人から買いたい」と思えるかどうか**です。スターバックスのコーヒーを飲みたい、ルイ・ヴィトンのバッグを買いたい、と思うのと同じように、信頼できる人、つまり「自分ブランド」を確立している営業担当から買いたいと思います。

私が現在住んでいる家を販売してくださったハウスメーカーの営業担当が、その一人です。もう随分前、私たち夫婦は、住宅展示場やマンションのモデルルームを見て回るのが好きで、よくおにぎりを持ってピクニック気分でさまざまな場所を回っていました。

私たちの好みのメーカーで出会った営業担当が、彼でした。

すでに古い家を買ってリフォームしていたので、当分（というより今後永久に）新しい家を買う予定はありませんでした。そのことを何度もお話ししたのですが、**それでも彼は暑中見舞いや年賀状だけでなく、毎年2回ほど、欠かさず我が家にカレンダーやパンフレットを届けに来てくれたのです。**決してすぐに買ってもらおうというプレッシャーをこちらに与えず、「近くに来たついでです」などと言って押しつけがましい様子はまったくありませんでした。

昔からのなじみのお客様に対して、ご機嫌伺いに来るかのようでした。特に会っても調子のよいおしゃべりをするわけではなく、いつも申し訳なさそうな顔で、私たちの家に対する夢物語に付き合ってくれるのです。

それは数年続き、やがて私は4社目となる会社で、初めて社長に就任しました。日産時代よりは多少経済的余裕もでき、もともと住んでいた家も中古で買ったため、建て替えも検討しようと、またハウスメーカーを回り始めました。

いろいろ見て機能的にも値段的にもよいメーカーがありましたが、やはり熱心に姿を見せてくれていた彼の会社を上回るものはなく、連絡を取って建て替えることにしたのです。

彼のサポートは本当に熱心でした。着工前、着工中はもちろん、完成後も今までと変わらず姿を見せてくれました。購入して10年以上たっている今も、本来は別部署やサービス会社が担当するようなちょっとしたメンテナンスも、面倒な顔ひとつ見せず、すべてフォローしてくれるのです。遠くの地域に異動になった今でも、困りごとがあって相談するとすぐに社内の関係者に手配をしてくれます。

私は、彼こそが一流の営業担当だと思います。**明らかに自分にはもうメリットがないのに、自分が担当したお客様への感謝を忘れず、こちら側が恐縮するくらい気づかいを続けてくれています。**

私自身も大阪で営業担当をしていたときには、私なりに工夫していました。乗用車の買い替えサイクルは通常5~7年。私は出向先に1年半しか在籍しないことがわかっていましたから、単に台数を稼ごうと思えば、売ったお客様は放っておいて、新しい顧客を開拓したほうが合理的です。しかし私には、お客様への感謝の気持ちからどうしてもそれができませんでした。

「おクルマの調子はいかがですか？」

「皆様お変わりありませんか？」

「ちょっと近くまで来たので寄らせていただきました」

納車してから最低1か月間、お買い上げいただいたお客様のところに立ち寄っては必ず声をかけました。何せ、もうクルマは買っていただいたのですから、商談は一切ありません。相手は主に奥様方ですから、気軽な世間話から愚痴、ときにはお茶をご馳走になりながら、嫁姑問題の相談までされたものです。しかし、それでも私はうれしかったのです。

やがてお客様のほうから、**「岩田さん、大丈夫ですよ。忙しいでしょうから、もう来なくてもいいですよ。他のお客さんを回ってください」**と言ってくださいます。

先方からそう言っていただけると、たとえ5年、10年ご無沙汰しても、私が姿を見せたらきっと喜んでくださると思います。まさしくお客様の心に「岩田」のブランドが刻印されたのです。

私が家を買った彼のことを、私たち夫婦は同じように忘れられませんでした。他のハウスメーカーに比べて家そのものの魅力が高かったことは事実ですが、価格の面ではむしろ割高で、他メーカーが数百万円単位で値引き攻勢をかけてくるのに、彼は精いっぱい値引きをしたあとは、営業所からかき集めたビール券や商品券までサービスしてくれるのです。

しかし、その姿はとても誠実でした。

そのうえ彼は、私たちが再び家を買うことはほぼないと知っていながら、購入後も一所懸命接してくれています。私は、知り合いに家を建てる予定がある人がいれば、彼から買うようにすすめ、どうかすると彼以上の熱心さで「営業」してしまいます。

それはもはや特定のハウスメーカーの好みうんぬんではなく、すっかり彼のファンになってしまっているからなのです。

心得

20

一流は「基本動作」をさぼらない

一方、ちょっとしたミスを犯したせいで、それまで築いてきたブランドに対する信頼を失ってしまうこともあります。

どんなにサービスがよく、こちらに有利な条件で取引ができたとしても、たとえば契約書に印を押した際に、相手が印鑑の先についた朱肉を拭き取る「基本動作」ができなかった場合、私はすっと熱が冷めます。

最近よく起こる残念なことは、メールの宛先の私の名前を「松田様」とか「松尾様」、「岩松様」などと間違えて、平気で送ってくることです。もちろんそういった営業担当は信用がおけないので丁重にお断りします。

このような「基本動作」は、決してお客様のためだけではありません。

無頓着な営業担当ほど、せっかく買うと決めたお客様から手付金をもらわずに帰って来てしまいます。お金の話は言い出しにくく、つい早く帰りたい気持ちが勝ってしまうのでしょう。

営業担当にとって手付金をいただくことは、お客様に買う意思をしっかり固めていただく大切なプロセスです。私は、1万円でもいいから、必ず手付金をいただくようにしていました。私はそうした基本をしっかり守ったおかげで、一度もキャンセルを受けたことはありませんでした。

人は迷うものです。買ったあとでも不安になります。でも手付を打つことにより、お客様は踏ん切りがつくのです。自分の商品に自信があり、お客様に後悔させせない自信があるからこそ、営業担当はそっと背中を押してさしあげられるのです。

一方、**お客様に迷惑をかけながら、それを気に留めない人**もいます。**こういう人は、本人も気づかないうちに信頼を失っていきます。**

私はかつて、信頼していた保険の営業担当から、妻が事故で大怪我をし、保険金について相談したところ、「保険金が出ると思うから、診断書を取ってくるように」と依頼されました。忙しい中、病院まで行って診断書を取り、申請書類とともに送付したところ、結局保険金が下りないことになってしまいました。

口頭での簡単な謝罪はあったものの、その診断書を取り寄せたコストと手間について、彼は一切気にかけていないようでした。

たしかに、彼の所属する会社のルール上は負担する義務がなかったのかもしれませんが、最初からちゃんと調べるなり、社内のしかるべき部署に確認をとっておけば、そうした齟齬《そご》は起こらなかったわけです。

私たちは、まったくムダな時間とお金を費やしました。もし私が彼の立場であれば、手間をかけたことをきちんと詫び、ポケットマネーからでも診断書費用のお金を返すことを考えるでしょう（私はそのお金を受け取らなかったと思いますが、その姿勢がとても大切です）。

じつは、彼は礼儀正しく、ほとんどの「基本動作」を身につけている人でした。だから私も応援して、人を紹介するなどして付き合ってきたのですが、たかがお詫びのひと手間と数千円のお金を惜しんだだけで、少なくとも彼を友人や知り合いに紹介したいという私の気持ちはまったくなくなりました。

それまで私は、彼の会社と付き合っているという意識は希薄で、あくまで彼個人のブランドに惹かれていました。

しかしながら、たった数千円のお金と「私の不勉強で大変なお手間を掛けてしまい、申し訳ありませんでした」というひと言が聞けなかったために、私の中で彼へのブランド意識は崩壊したのです。

コーヒーを投げつけられたスターバックスのパートナーの話のように、**こうした異常事態のときこそ、ブランドの価値を大きく向上させるチャンス**です。

私は大阪での営業担当時代、バイクで配達をしていた酒店の店員さんと接触事故を起こしてしまいました。

お詫びと店員さんの容態を伺うため、私は毎日その酒屋に通いました。大切な店員さんに怪我をさせた人間が毎日現れるのですから、ご主人も最初はいい気持ちではなかったはずです。

私は、あまりお酒が飲めないのですが、毎日通うついでに、ワインを買って帰るようにしました。とてもぶっきらぼうだったご主人は、次第に話をしてくれるようになり、やがてワインの知識をいろいろ教えてくれたり、値引きをしてくれたりするようになったのです。

そんなある日、ご主人がいきなり、

「一番高いクルマのカタログを持っておいで」

と言い、当時もっとも高かった「サンタナ」という高級車を、即決で買ってくれました。私からクルマを買ってほしいと言ったことはもちろん一度もなかったし、そもそも大切な店員さんと接触事故を起こしてしまったのですから、心からのお詫びの気持ちで通っていただけです。

しかし、その異常な事態に対する「処理」を誠実に行ったことで、ご主人にとっては大きなマイナスだったはずの私のブランドは、やがてプラスに転化しました。その後も、何かに付けて私を応援してくださったのです。

心得

21

「ジャパネットたかた」の情報漏えい事件から学ぶこと

このように、ブランド力をつけるには長い時間がかかるのに対し、ブランドはたったひとつのミスで瞬間的に崩壊してしまいます。

私が信頼していた保険の営業担当は、ひと言詫びに来なかったことで、私に対して5年以上にわたって蓄積してきたブランド価値を、一瞬で失《な》くしてしまいました。

私が大阪の酒店に通い、ご主人に応援してもらえるようになるまでには、かなりの時間がかかっています。私が自分の立場をわきまえずに、ひと言でも「クルマを買ってください」などとお願いすれば、ブランドは一瞬で崩壊したでしょう。

北海道を代表するブランドだった雪印乳業の食中毒事件。

関西で強いブランドを誇っていた船場吉兆の食べ残しの使い回し。

国民的な人気番組だった関西テレビの『発掘！あるある大事典』のデータ捏造。人気があったり、歴史があった強いブランドでも、約束を裏切ったときの崩壊は一瞬です。

では、クレームが小さければ特に問題にならないのかというと、それも違います。欧米に見られる統計的品質管理の世界では、１０００個の商品の中で3個ほどに品質不良があっても、統計的に99・7％の顧客にはしっかり対処しているのだからよしとする考え方をします。

これに対して日本の品質管理の考え方は、品質を１００％保証しようというものです。欧米のような抜き取り検査ではなく、基本的には全数検査で全数品質保証です。個々のお客様にとっては１０００回中の1回ではなく、1回中の1回、つまり１００％の不良率なのです。ですから、品質を１００％保証しようという使命感によって、日本製品の品質の高さはブランドになりました。

ブランドになるということは、相手との信頼関係を築いたということであり、崩壊の理由はブランド側がその信頼を裏切ったということです。

ひとりの信頼を裏切ったことを軽く考えていると、いずれ二人目のお客様にも同じ失敗をしてしまいます。私は、品質管理を考える際に、**「ゴキブリ理論」**という言葉をよく使います。これは家庭内で1匹ゴキブリを見たら、その30倍のゴキブリがいると思ったほうがよいという考えです。

つまり、**クレームや事故が1件起こると、その30倍のクレームや事故の予備軍があったと考えるべき**なのです。実際に地表に出た事象は、その根っこに30倍の数の同じような事象があり、ちょっとしたきっかけですべて表面化する可能性があります。

危機管理は、ひとり目の発生をできるだけ早く感知し、早期に、徹底した再発防止の手を打つ必要があるのです。

この点で学ぶべきケースは、80年代のアメリカの頭痛薬「タイレノール」への毒物混入事件、日本では「ジャパネットたかた」の顧客情報漏えい事件です。

タイレノールの販売元であるジョンソン・エンド・ジョンソンは、商品に毒物が混入されて7人が亡くなったことを知ると、直ちに全米のタイレノールをすべて回収しました。情報を徹底的に公開し、広告や顧客対応に巨額のコストをかけて事件が起きる可能性を元から断ち、混入されにくい新たな工夫を施したパッケージに改良するまで販売をしませんでした。

ジャパネットたかたの件は、社員による不正な情報漏えいでした。同社は1か月もの営業自粛を行い、テレビ通販も中止し、徹底して体制の再構築に努めました。

どちらも、「そこまでやらなくてもいいのではないか!」というほどの対応をしました。そもそもタイレノール事件は未解決とはいえ、あくまで犯人が毒物を混入して人を殺したことが事件の本質であり、ジャパネットたかたも監督不行き届きがあったにせよ、悪意をもった社員の犯罪です。両社は被害者でもあるのです。「俺だって寝ていないんだ!」と社長が開き直った某社とは大きく姿勢が違います。

顧客の想像を超えるような徹底した対策を打つことで、結果としてブランドを守り、さらに価値を向上させたことは特筆に値するのではないでしょうか。**ブランド価値は、異常事態に対する「迅速・勇敢な対応」によって向上する**のです。

心得

22

スターバックスを崩壊させる3つの方法

一見盤石とも思えるブランドの価値も、決して永続が約束されているわけではありません。到底考えられないことではありますが、日本のスターバックスを例として、賞賛を受けてきたブランドを崩壊させる方法を考えてみましょう。

方法1　急拡大する

スターバックスコーヒージャパンの店舗数は、今や1500を超えています。企業としては、売り上げを伸ばし、利益を増やすことは大切な責務のひとつです。

ところが、**店舗拡大を焦ると、間違いなくブランドの崩壊を招いてしまうことに注意**しなければなりません。スターバックスは単にコーヒーだけを売っているわけではありません。スターバックスのミッションを守り育てながら、成長を持続していくには、必然的に採用、教育が重要になります。ミッションを体現できるパートナーでなければ、ブランドは一気に崩壊してしまいます。

もし今後スターバックスが拡大を焦り、本国からの出店要請に応えて次々と新店舗を増やすことに力点をおき始めると、やがて、ファンの人たちが足を踏み入れた新しいお店でスターバックスらしくない残念な体験をすることになります。

「ここはスターバックスらしくない！」

パートナーに笑顔がない。頼んだことにあからさまに嫌な顔をされた。商品が間違っていた。コーヒーがおいしくない。店内の清掃が行き届いていない。急拡大をすれば、人の教育が間に合わずに、そのような事態を招く可能性があります。

方法2　値引きやクーポン、セットメニューを導入する

スターバックスはディズニーランドと同じで、スターバックスでしか味わえないエクスペリエンスの質を保つために、本来値引きやクーポンの配布をしない企業です。ブランドを大切にする企業は、値引きすることより、Ｗｉ−Ｆｉやコンセントを整備したり、内装をよりよいものにしたりして、よりブランド価値を高めていく方向を考えます。

クーポンやセットメニューは外食産業ではおなじみの手法ですが、スターバックスは基本そのようなことはしません。**クーポンや値引きというのは自分たちの商品やサービスにはその価値がないと自ら示しているようなものです。**お客様に対して、売り手としての自信のなさをわざわざアピールするようなものです。お客様はブランド価値を認めているから、ライバルとは価格を比較したりしません。

ブランドは「お約束」。そのお約束の重要な項目のひとつは価格です。昨日お買い上げいただいたお客様と今日お買い上げいただいたお客様で、同じ商品なのに支払う価

格が違うのは、約束を破ることになります。

自信を持って価値ある商品を作り、その価値に見合った価格をつけることがビジネスの基本です。価格を下げることは、自分の商品に、その価格に合った価値がないと自ら認めることになります。

方法3　大量のCMや広告、プレゼントキャンペーンを実施する

もしもスターバックスが「方法2」に走れば、多くのCMがつくられ、大量に露出されるはずです。シールを集めてタンブラーをプレゼント、などというキャンペーンが行われるでしょう。

「あのスタバがついに大々的なキャンペーンを始めた！」

という話題性がありますから、きっと目先のお客様は増えるかもしれません。短期的には売り上げは伸びるでしょう。

しかし、**こうした手法が招く結末は、中長期的には大切なブランド価値を必ず毀損《きそん》し、終わってみれば何も残らなくなるという状況**です。

これらの手法は、ごくありふれたやり方です。一度クーポンを大量に配り、思想なきCM攻勢を始めてしまえば、希少性や高級感がなくなりブランド価値は毀損します。「キャンペーンが終わったので元の価格に戻します」と一方的に宣言はできますが、あっという間にお店から客足は遠のき、仕方なくまた新たなクーポンを配り、キャンペーンを始めざるを得なくなります。際限のない負の循環が始まるわけです。お客様にとってキャンペーン価格がスタンダードになってしまい、元の値段に戻すととても割高に感じてしまうのです（これを行動経済学では**「アンカー効果」**といいます。まさしく安価効果です）。

値下げに頼る販促をしてしまうと、麻薬のように繰り返し行わざるを得なくなり、そのうち値段を下げても売り上げが上がらず、損益が厳しくなっていきます。こうなると、おいしいものをつくる、快適な空間を提供する、といった根源的なサービスに対して投資ができなくなり、お店はお客様からの信頼を失っていきます。

急拡大し、安売りを始め、それを大々的にアナウンスする。

多くの新興ブランドは、こうしてあっという間にブランドを崩壊させていきました。

心得

23

ブランド人は細部に目を配る

どんなに成功をおさめたブランドでも、無理をすれば歪みが生じてしまいます。店舗などは、大きな投資をすれば立派なお店は出店できます。しかし、ミッションをしっかり理解してトレーニングされた人材が、追いつかないことがよくあります。そんな場合、中長期を見据えて一度ペースを緩め、成長の踊り場をつくるべきです。**企業にとって成長は不可欠なことですが、大切なのはそのスピードです。**

ある急成長しているメガネのベンチャー企業が主催する講演会に招かれました。せっかくのご縁なので、自宅近くのそのお店に早速行ってみました。近代的な明るい店舗で雰囲気は良かったのですが、お店の人は商品説明も満足にできないし、在庫確認などの初歩的なオペレーションもできませんでした。講演会当日に失礼ながら、感じの良くて若い創業者にその旨を伝え、出店を少し控えて、しっかりトレーニングをした方が良いのではとお話ししました。応援しようと思ってその会社の株も買い、その後も注目していたのですが、いったん出店をストップして成長の踊り場をつくられたのち、再成長させていかれました（株価もずいぶん上がりました！）。

これは個人にも言えることです。お笑いタレントが一時のブームによって仕事も選ばず出ずっぱりになり、新しいネタの仕入れや稽古ができなくなって、あっという間に忘れ去られてしまう。あるいは有頂天になって、不適切な発言や不祥事を起こして干されてしまう。ファンへの対応など小さなことをいい加減にすると、周りからの信用を失います。個人にとっても成長のスピードが大切なのです。

「神は細部に宿る」

細部に意識が届かない人は、ブランドにはなりえません。

「オーガニック・グロース」という言葉があります。企業は買収などに頼らず、自ら持っている資源を活用しながら成長していくという意味です。個人に置き換えるなら、**今の自分が持っている「よいところ」を活用しながら、常に勉強を怠らず自立的に成長していく**。大きな夢を語ることは大切です。しかし小さなことを積み重ねて周りから助けられて、はじめて大きな夢は叶うのです。

企業の経営者であれば、今まで着実に成長してきたのに、いきなり「○○○億円」といった無茶な売り上げ目標、対前年比倍増などといった数字への言及が急に増えてくると危険な兆候です。

個人の場合であれば、唐突に「年収1億円を目指す！」などと言い始めると危険です。いきなり大きな借金をして、リスクの高い事業に手を出すようなことは、できるだけ避けるべきです。

企業の場合、経営者がこうした暴走を始めると、てきめんに上昇してくるのが離職率です。無理な成長は、必ず最前線のスタッフに皺《しわ》寄《よ》せが行きます。人が足りない、ITシステムが追いつかない、売る商品がないなど、経営の歪みにより大きな負担を強いることになります。

それで「付き合っていられない……」と言って、辞めていくのです。辞めたのならまた採ればいい、と考える経営者もいるでしょう。しかしそれは、あくまでコモディティ（取り替え可能な品）としての労働力の話です。大切なミッションを体現できる優秀な人材、実力のある人材は、決して簡単に取り替えはできません。

私が社長に就任する前のザ・ボディショップが、まさにこの状態でした。「ボディショップは好きだけど、イオンフォレストは嫌い」と言って、優秀な人がどんどん辞めていってしまう状況だったのです。お店では利益捻出のコストカットのために、アルバイトだけの店舗まであり、アニータの理念をお客様にお伝えする余裕などなく、目先の売り上げに追い立てられるという現実がありました。

私はアニータのミッションにもう一度立ち返り、社会貢献活動を奨励し、単年度ではなく数年単位で復活を目指すというロードマップを描いて実行しました。もともとアニータに憧れて入ってきた人たちばかりでしたから、徐々に業績が回復し、社員の皆さんの待遇改善、社会貢献活動や新卒の採用を積極的に進めたことで、負のスパイラルは逆回転を始め、社員も元気になっていったのです。従業員満足度も劇的に良くなりました。離職率も10分の1に減りました。

神は細部に宿ります。

企業も、個人も、急成長する必要などありません。細かな点まで行き届く適正なスピードで成長していくことが大切なのです。

心得

24

人々に与える「感動の面積」を増やしなさい

「ミッションなどの綺麗事では、飯が食えない！」

そんな批判も聞こえてきそうです。

私はそれに対して、いつも次ページの図を描いてお答えすることにしています。

横軸を「感動させた人の数」、縦軸を「ひとり当たりに与えた感動の量」とします。

たとえばスターバックスのミッションは、お客様にコーヒーを通じて、活力を与えることです。

このスターバックスのミッションをより実現するにはどうすればよいか？　それは、**より多くの人々の心をより豊かで活力のあるもの**にすればよいわけです。

与える感動の面積を増やす

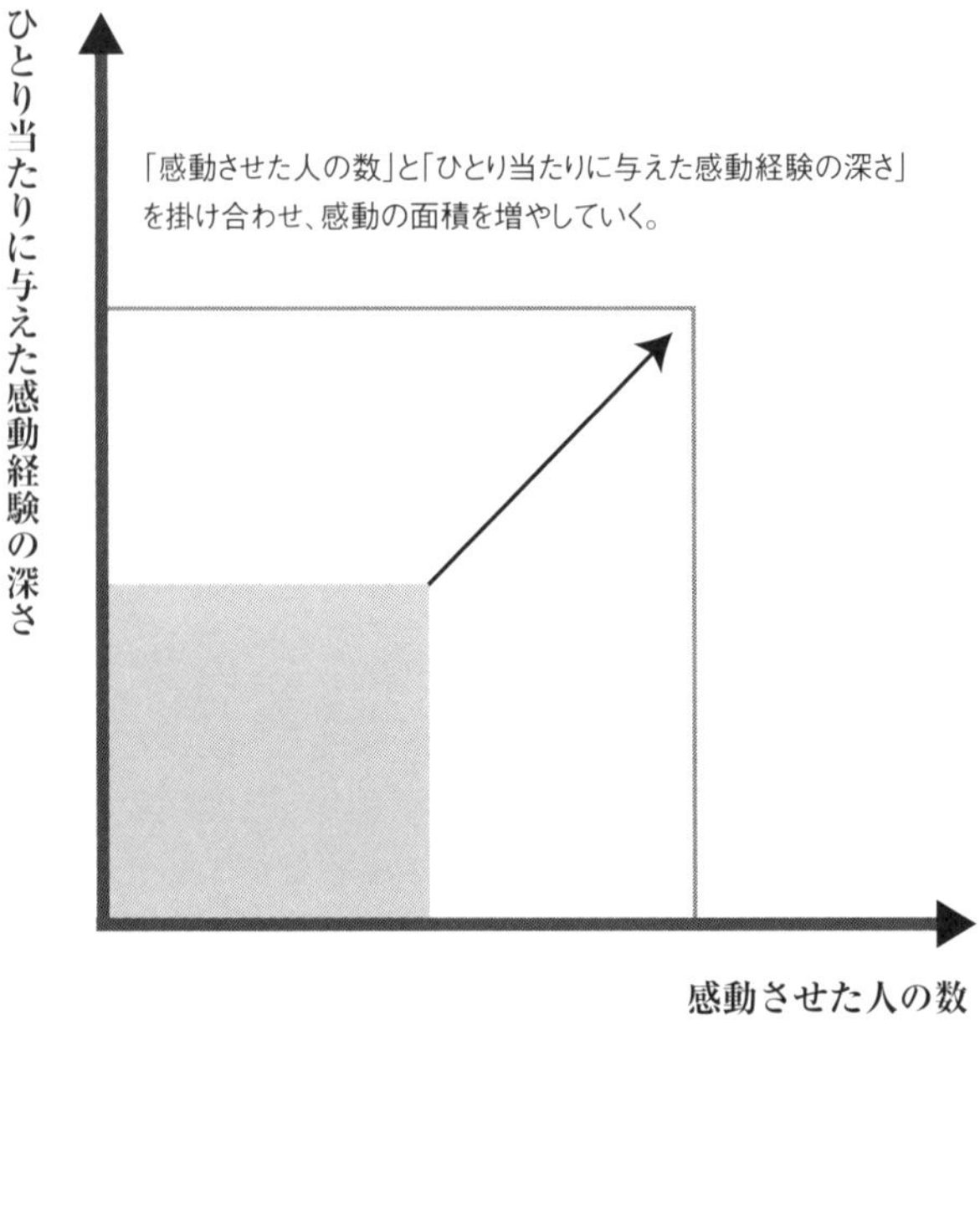
ひとり当たりに与えた感動経験の深さ
「感動させた人の数」と「ひとり当たりに与えた感動経験の深さ」を掛け合わせ、感動の面積を増やしていく。
感動させた人の数

この図で言えば、感動させる人々の数は横軸であり、感動経験の深さは縦軸になります。この2軸が掛け合わさった面積を大きくしていくことが、スターバックスのミッションをより実現したことになるわけです。

店舗の数を急拡大して、人やサービスがそれについていけなかったり、そもそもスターバックス・エクスペリエンスを提供できないような場所に出店してしまったりすると、縦軸の感動経験が減ってしまいます。

すると、トータルの面積は逆に小さくなり、ミッションの実現度が下がってしまいます。一時もてはやされた数多くのベンチャー企業が成長を急ぐあまり、このような間違いを犯して消えていきました。つまりスターバックスは、売り上げや利益のために店舗を拡大したり、Ｗｉ－Ｆｉ化を進めたりしているわけではなく、自分たちのミッションをより実現しようとした結果、成長していくわけです。

ある時メディアから、Ｗｉ－Ｆｉやコンセントを導入すれば、より長くお客様に長居されて困るのではないかと質問を受けました。私は、お客様に居心地の良いサードプレイスを提供するのはスターバックスのミッションだから、売り上げよりもそちらを優先したと答えました。

お客様に感動を与えられる良いパートナーと店舗を増やさないといけない。だからこそ、**急拡大は危険**なのです。感動を与えるどころか、お客様に不快感を与えるようなパートナーや店舗が増えると、長年かかって築いたブランドはあっという間に崩壊してしまいます。お店も人も、スターバックスへの高い満足基準をクリアさせつつ出店していき、与える感動の面積を着実に増やしていけばいいのです。

第4章

「一流の人」と「どこにでもいる人」のちょっとした違い

「自分が本当に好きなものを見つけてください。
見つかったら、
その大切なもののために努力をしなさい。
きっとそれは、
君たちの心のこもった立派な仕事になるでしょう」

――黒澤　明

心得

25

昇進する人、しない人の決定的な違い

「我々は何のために存在するのか」――組織におけるミッションは、トップが、全霊をかけて、繰り返し伝え続けなければなりません。ミッションを一人ひとりに浸透させ、皆がミッションに従った行動ができるよう愚直に進めることでお客さまに伝わり、ブランドになり、伝説が生まれ、さらにブランドを進化・深化させていくのです。「100年企業」では、これができています。

日本という国で考えてみると、欧米による植民地化を避けるため幕府を倒し、明治維新を成し遂げた薩長。アジアの新興国がヨーロッパの大国に初めて勝った日露戦争。連合国の一角として参戦した第一次大戦を経て、やがて日本のブランドは頂点に達し、アジアの人々には希望の星と映っていました。一方で薩長は藩閥となって堕落し、それに言論の力で取って代わった政党政治は利権に溺れて支持を失っていきました。

やがて軍が暴走して第二次世界大戦に突入し、破滅に至ります。しかし大戦後、焼け野原から奇跡の大復興をして、ジャパン・アズ・ナンバーワンとさえ言われるようになりました。それがまたあっという間に「失われた20年」と言われる衰退期を迎えてしまい、ジャパンバッシングから「ジャパンナッシング」と言われるまで国力が低下しました。

今もう一度長い目で見れば、かつてアジアの奇跡といわれた日本は、次の100年続くどんなブランドになるかが試されているとも言えます。

厄介なのは、**社内のミッションを失っても、社外からのブランドへの評価は余程のことがない限り、ある程度持続されるため、自分たちも周りも現状に気づきにくいこと**です。一流と呼ばれる企業が根本から腐っていく過程では、必ず薩長に近い現象が起こります。自分たちのミッションの達成よりも、派閥争いや社内の権力闘争に明け暮れてしまう。最初は強烈なミッションで全社の方向性が一致していたのに、やがて名声や待遇を求める勢力が増え、ゆっくりと全体を死の方向に向かわせてしまうのです。明治の藩閥、戦前の軍閥、戦後の官僚や大企業など、いわゆる頭の良いエリートが固定化し、腐敗していく構造は共通しています。

私欲にまみれて志を持たないエリートと、叩き上げの維新の志士たちは根本的に違うのです。

この状況を変えられる人は、やはりトップリーダーしかいません。

組織のリーダーは、ミッションを社内に浸透させ、次の世代に引き継いでいくことが最大の仕事と言ってもいいと思います。

そのために**リーダーが徹底的に精力を注ぐべきことは、人事政策**です。企業はミッションを掲げてブランド価値を高めながら、売り上げと利益を生み出す存在です。そのすべてを整合的にこなせる人材がいればパーフェクトですが、実際は立派なミッションを持っているのに、なかなか結果に結びつかないリーダーもいるし、一方でとにかく数字をつくるのがうまい人もいます。

もちろん会社のミッションや理念を体現しつつ、実績を上げる人を昇格させるべきですが、なかなかそういう人は多くはいません。**問題は、お客様をだまして仕事を取ってきたり、部下の手柄を横取りしたりした人を偉くしてしまうことです。**数字という結果ほどわかりやすいものはないので、その過程まで確認して評価することは稀《まれ》です。特に上に行けば行くほど、数字がすべてになりやすいものです。本来はその逆であるべきで、上に行けば行くほど、その人の人間性が大切になってきます。

「功あるものには禄を、徳あるものには爵を」

日本人の理想のリーダー像と崇《あが》められる西郷隆盛は、数字を上げた人には「禄」、つまり金銭的な報酬を与え、人物的にもすぐれ人には「爵」、つまり地位を与えなさい、と言っています。まさに人事の急所をついた考え方だと思います。

人事政策は、会社から社員へのもっとも大切なメッセージです。誰を採用するか採用しないか、誰を昇進させるか昇進させないか。経営はこれに尽きると言っても過言ではありません。そして究極の人事は、次の社長を誰にするかです。

ミッションを体現し、かつ実績を上げた人間をしかるべきポストに据える。

数字をつくれるだけの人間には金銭で報いるが、決して一定以上のポジションは与えない。明確にミッションから外れた言動をすれば、速やかに排除する。

これこそが、100年続くブランドをつくり上げるために、リーダーがやらなければならないもっとも大切な仕事なのです。

心得

26

空の上で本当にあった感動ストーリー

私が社長やCEOの職を経験して深く心に刻んでいるのは、人づくりの大切さです。
また、私が社長としてのやりがいを感じるのは、人の成長を見ることができた時です。

右も左もわからなかった新入社員が、翌年には次に入ってきた新入社員をしっかり指導している。若手が期待以上の良い仕事をしてくれる。

リーダーとして、そんな姿を見たときの感動はとても大きなものです。人づくりこそが、経営の醍醐《だいご》味《み》の一つです。

エピソードをひとつ紹介しましょう。

私がCEOだったころ、スターバックスはANA（全日空）と提携をしました。国内線に乗ったお客様は、空の上でスターバックスのコーヒーが楽しめるようになったのです。

私は、実際にそれがどんな様子なのか気になって、出張でANAに搭乗した際、キャビンアテンダントさんに当時有料だったスターバックスのコーヒーをオーダーしました。

コーヒーを受け取ったあと、私は自分がスターバックスの関係者であることを明かし、いろいろお世話になりありがとうございます、とお礼を述べました。

すると彼女は、「少しお待ちください」と言っていったん奥へ行き、少ししてから飛行機の絵が描かれた絵葉書をもってきてくれました。

そこには、その便のコーヒーの売れ行きやお客様の反応、それを介してどのようないいことがあったのかが細かく書かれていました。私の知りたいさまざまな情報を書いてくださったのです。素晴らしく整理された文面でした。

そして最後に、なんと彼女自身が学生時代、長くスターバックスのパートナーであ

ったことがつけ加えられていたのです!

スターバックスには、**「GABカード」**(Green Apron Book)と呼ばれるカードがあり、パートナー同士がお互いに情報交換したり、感謝の気持ちを伝えたりするという仕組みがあります。これがスターバックス文化を醸成しているひとつの大切な習慣なのです。

彼女が絵葉書でしたことは、まさにGABカードそのものでした。

私は、空の上で、元スターバックスのパートナーがスターバックスで学んだことを現在の仕事でさらに磨きをかけている様子に、深く感動しました。

スターバックスの「一杯のコーヒーで人々に活力を与える」というミッションを大切にしてきたパートナーが、空の上で再びスターバックスブランドのコーヒーをサーブしている。何て素敵なことなのでしょうか!

彼女たちには、スターバックスを卒業したあとも、学んだことが心の中に深く刻まれていることを実感しました。どんな場所でも、お互い元スターバックスのパートナーであったことがわかると、すぐに打ち解けて話せることを実感します。皆同じ「スメル（香り）」を感じるのです。

心得

27

牛丼チェーンは「価格」を、スターバックスは「価値」を提供する

いつでも採用できる、あるいはすぐに代わりを補充することのできる人材は、「コモディティ人材」（他と大差のない人）と呼ばれます。コモディティとは、メーカーや生産者の区別なく、一定の質に収まった、標準化された商品のことを指し、取引される相場商品のことをコモディティ商品と呼びます。たとえば、小麦や原油などは、収穫したり採掘したりしたあとで一定の加工を行い、似たような品質のものに統一されることによって市場が整備でき、交易や取引、流通がしやすくなるのです。つまりコモディティはブランドの反対を意味します。

ところが自分自身がコモディティ化する、というのは穏やかなことではありません。それは、マニュアルを渡して少し研修を受けさせれば誰にでもできる、簡単な仕事しかできないことを意味します。**自分なりの個性が発揮できず、マニュアルを超える価**

値を生み出せない。これでは、ブランドになりようがありません。

最近ではＡＩが発達して、弁護士や税理士などの士業や医者などの専門家でさえ、近い将来置き換わると言われています。現在の調査でもＡＩの方が正しい判断をするという実証データもあります。歴史学者のユヴァル・ノア・ハラリは、著書『ホモ・デウス』（河出書房新社）の中で、コモディティ人材は**「無用人間（useless）」**と言っています。

ブランドとコモディティ。

この2つの正反対の言葉は、ここまで見てきたさまざまな例に潜んでいます。一般的な外食産業におけるアルバイトは、典型的なコモディティ人材です。希望すればすぐに職にありつけるかわりに、代わりの人材もたくさんいる。

したがって雇用は不安定で、何かあれば真っ先に、躊躇なく解雇されてしまいます。「いくらでも代わりがいる」という状態です。

一方でブランド化された人材は、その人にしかできない仕事や生み出せない価値を

持っています。だからこそブランドなのです。よいものを生み出せば、社会的な評価も金銭的な対価も当然高くなっていきます。退職されると、会社は代わりの人材を簡単に探すことができないので、高収入や高いポジションを与えてつなぎとめようとします。

スターバックスのパートナーたちは、外食産業でありながら、コモディティの枠を大きくはみ出した働き方をしています。そうでなければ早朝の駅にシナモンロールを届けたり、自分に向かって理不尽な態度をとった人に笑顔でコーヒーを差し出したりはできません。彼女たちはスターバックスのミッションをよく理解し、自分のものとして血肉化しているからこそ、自然と勇気ある行動に移せるのです。

外食産業という意味では、ブランドのあるスターバックスに対して、**ライバルたちとしのぎを削っている牛丼やハンバーガーのチェーン店は、残念ながら自らコモディティ化しようとしているように見えます**。

以前に牛丼店どうしの熾烈《しれつ》な価格競争がありました。３００円の牛丼を出している牛丼店と、よく似た分量で２８０円の商品を出している店がある場合、価値（つまり味や雰囲気）の比較が存在しなければ、積極的に３００円の牛丼を食べる人はほとんどいないでしょう。だからこそ、価格が低い水準でどんどん均一化していくわけです。

一方、２００円程度でコーヒーを売っているコーヒーショップがたくさんある中、３００円以上の価格をつけているスターバックスが優勢なのは、顧客が価格ではなく、それ以上の価値を優先しているからです。

ブランドが大切なのは、「低価格」ではなく、「価値」を提供できるかどうかなのです。

心得

28

どんな言葉で「タグ付け」されているか考えよ

自分をブランド化するには、例えば海外でMBAなどの資格をとらないとダメなのかというと、もちろんそんなことはありません。

コモディティとは、人材として代替可能だということです。岩田松雄が「日産の岩田さん」でいる限り、周囲からは「日産の鈴木さん」や「日産の佐藤さん」にいつでもチェンジ可能だと思われてしまいます。しかし、次のような人ならどうでしょう？

「総務の生き字引の田中さん」
「いつも一緒に仕事をすると幸せな気分になれる柿内さん」
「困っているときにかならず手を差し伸べてくれる村上さん」
「取引先から絶大な信頼を得ている黒川さん」

こうなることができれば、すでにブランド化されている証拠です。その人にしかできないことがあると周囲が感じてくれている。このような人の代わりは簡単には見つかりません。

「ブランド化」とは、言葉を変えれば「差別化」です。私が「日産の岩田さん」である限り、その会社を転職したら何の役にも立ちません。だからこそ、自らを会社名以外で「○○の××さん」とタグ付けされるような、○○の部分が必要です。

一方で、**「負のタグ付け」がされないように注意しないといけません。**「負のブランド」と言ってもいいでしょう。

「ネガティブなことばかり言う北川さん」
「よく調べもせずに知ったようなことを言う田村さん」
「話が長くて結論がよくわからない速見さん」

「役員の権力闘争にしか興味のない西川さん」

一度、こんな悪評がついてしまうと、挽回するのが大変なので注意しないといけません。

心得

29

もしもタクシー運転手が自分をブランド化しようと思ったら

もしもタクシーの運転手さんが、自らのブランド価値を高めたいと考えたならどうすべきでしょうか？

タクシーの運転手さんは、自身をブランド化することがなかなか難しい場合が多いかもしれません。拙著『ミッション』でも書いた通り、MKタクシーは私にとっても、多くの人にとっても素晴らしいブランドです。だからといって、街でタクシーを拾うとき、すぐにMKタクシーに出合えるとは限りません。最近は、配車アプリなども普及しつつありますが、急いでいるときに、わざわざ配車してもらう余裕はありません。

そこで、最初に現れた空車のタクシーに向かって手を上げ、行き先を告げるのです。

日本の多くのタクシー会社は、コモディティの域を出ていないといえるのではないでしょうか。規制業種ということで価格が決められていて、競争がないのが原因の一つです。

運転手の技術や人柄も同様です。星のマーク等で技術や知識を表しているケースもあるにはありますが、そこで選んでいるお客様は少数派でしょう。

タクシーの運転手さん自身は、個人のアピールをする場が少ないことが多く、自らをブランド化するモチベーションがなかなか湧いてこない人もいるかもしれません。

これはすべての職業にいえることですが、仕事における自分の価値を見つけることができないと、やる気を失ったり、働くことに意味を見出せなくなったりしてしまいます。私も、全く道を知らなかったり、態度が悪い運転手さんに当たって嫌な気持ちになったりしたことがありますが、彼らはこの悪循環にはまってしまっていたのではないかと思います。

ところが最近、こんなことにふと気がつきました。

「タクシーの運転手さんって、人助けが仕事なんだ」

タクシーはドア・トゥー・ドアの移動手段ですから、ただ快適に、早く移動したいという人だけが利用するのではありません。タクシーに乗るお客様は**「困っている場合が多い」**のです。

商談に遅刻しそうなビジネスパーソン。

寝坊して入試の開始時間に間に合うかギリギリの受験生。

お年寄りや小さな子ども連れなど、移動が大変な人。

足を怪我している人。

障がいのある人。

病人や、急に陣痛が始まってしまった妊婦さん。

そんな人たちは、この瞬間もどこかで、空車のタクシーが来るのを今か今かと待っているのです。つまりタクシーの運転手さんの仕事は「人助け」なのです。

「自分の仕事は人助けである。街で困っている人を心地よく目的地まで運ぶことが、

自分のミッションである」

タクシーの運転手さんが、こう考えるようになれば、困っている様子の乗客にはあらかじめ、丁寧に事情を聞くでしょうし、すぐに最短距離を探せるよう地図やカーナビに精通しようと考えます。

車内を清潔に保ち、心地よい温度にし、どんな支払いにも対応できるよう小銭をつねに準備したり、電子マネーへの対応も万全にしておいたりするでしょう。

自分の好きなラジオ番組を大きなボリュームで聞いていたり、車内で不快なにおいがしたりするようなことは、起こりようがなくなります。

何せ「人助け」なのです。空車で街を流している間は、「困っている人はいないかな？」と街をパトロールしているレスキュー隊員のような気持ちになるはずです。

また、できる運転手さんなら、担当エリア内で困っていそうな人が多く現れる場所、たとえば大学の入試日とその最寄り駅の間の道路事情をあらかじめ調べ、「人助け」を結果として「売り上げ」に結びつけることもできるでしょう。

このように自分自身で仕事に意義づけをすること（つまり自分の「ミッション」を自覚すること）で、仕事への情熱が変わって誇りが持て、楽しくなる。やがてそれが社内でもお客様の間でも評判になり、ブランド化していきます。

こうなっていくと、会社からもらう対価以上に、自らの仕事に価値を見出せるはずです。もちろんそうした意義づけは、本来は経営者がやるべきことです。きっとＭＫタクシーでは、それがきちんと行われているのでしょう。

自分の提供するサービスで人を助けることに目覚めた運転手さんは、毎日が楽しくなるに違いありません。

心得

30

数億円稼ぐディーラーがシャツをまめに着替える理由

超高給取りの代名詞といえば、外資系証券会社で働く歩合制のディーラーです。彼らは為替や株式などで巨額の資金の運用を任せられ、得られた利益から一定の割合が報酬に加えられて、数億円～数十億円の年収を稼いでいる人もいます。

知人に聞いた、有名な某外資系証券会社での話です。ディーラーたちは、毎日3～5回もカッターシャツを着替えにトイレに行くそうです。

ディーラーという仕事は、結果がすべての生き馬の目を抜く大変厳しい仕事です。多くのケースで、誰かの利益は他の誰かの損失であり、ミスを犯せばマーケットから徹底的に食い物にされます。

彼らは、大きな相場を張っている事実や、逆にディールがうまくいっていないことを周囲に悟られないようにしなければなりません。しかし、大きなプレッシャーがかかった局面では、知らないうちに冷や汗が流れてしまう。

そこでディーラーたちは、冷静を装うために、汗がシャツに染みるたびに同じ種類の新しいシャツに着替えるというのです。

すごい世界があるものです。多くのディーラーの「選手生命」は、もって30代後半までと言われています。私には、こんな状況でただお金のためだけに働くことは、とてもできそうもありません。


ディーラーの話とは対照的に、最近、私にはこちら側の世界のほうがホッとするな、と思う出来事がありました。

私が毎朝通っている、あるスターバックスのお店。顔なじみになったある主婦パートナーは、私の『ミッション』を読んでくださり、ますますスターバックスで働くことが楽しくなったと言ってくれました。彼女は、夕方になってお店をあとにするとき、後ろ髪を引かれるような感覚に襲われるそうです。

「早く明日の朝にならないかしら。働くことが待ち遠しい！　と思っちゃうんです」

退社するなり、翌朝の出勤時間が待ち遠しい、と言うのです。これもすごい話です。スターバックスには、やはり金銭では得られない魅力があるのです。

別のパートナーからはこんな話を聞きました。ある店舗で、女性パートナーが男性店長に恋をしてしまった、と言うのです。どうやってアプローチして、どのタイミングで告白するべきか。周りのパートナーたちも応援しています。

そんな彼女を助けるため、先輩の元パートナーが何時間も相談を受けてあげている。当の女性パートナーの初々しさもさることながら、周りの仲間たちが、本当に考えられないほど「いい人たち」なのです。私はその現場に居合わせて、心がとっても和んだことを覚えています。

今日退社するのが惜しい。仲間の恋を手助けしたい。そんな彼や彼女たちは、プレッシャーを隠すためにシャツを着替えるようなことは、決してありません。

心得

31

仕事にやり甲斐が感じられないときの処方箋

若い人、特に社会人になったばかりの人に、さしあたって何を頑張ればいいのか、どんな方向に進めばよいのかアドバイスを求められることがあります。私は決まって**「履歴書に書けるぐらいの実績を残せるように、一所懸命に目の前の仕事を頑張ってください」**とお答えしています。

ブランド化された人と、コモディティ化した人の決定的な違いは、履歴書や職務経歴書に書けるような実績をあげているかどうかです。

それは、「〇〇の××さん」を徹底し、他人にはできないスキルを身につけることを意味します。その結果が社内の表彰や、競争力のある資格になって、差別化されていくのです。

最近は「自由な生き方」「自由な働き方」が必要以上に崇《あが》められていて、入社しても、仕事や人間関係が苦痛ならすぐに辞めることを推奨しているような風潮も見られます。

しかし、私は全く賛成しません。あまりに現実に対する認識が甘すぎる。新入社員こそ、入社した企業でしばらく我慢すべきです。何十社も断られるような辛い就職活動をした人であれば、なおさらです。

よほどの目立った才能がない限り、**新入社員や若手社員のころはコモディティです。**特に大企業ではこの傾向が強い。このご時世に行きたい会社にすんなり決まる人、数社受けただけで複数の内定をもらえる人は、すでにブランド化しているか、ほんの少しの教育投資でブランド化できると判断された学生であり、それは極めて少数です。それ以外の人たちは、現状では残念ながらコモディティと評価されているのです。

かつての日本企業には、コモディティのまましばらく勉強させ、その中から会社を支える人間を育て、選ぶだけの度量がありました。私が勤めていたころの日産自動車も、まだまだ体力的には余裕がありました。私も幸運なことにアメリカのビジネススクールに送ってもらえました。

一部の新興企業には、大量採用を行って、コモディティ人材のままコモディティの仕事だけをさせ、不必要になったら辞めてもらうという考え方のところがあります。だからといってすぐに仕事を投げ出してしまうと、「第二新卒」という名の、新卒学生よりも単にいくつか年齢を重ねただけの存在になってしまいます。ただでさえコモディティなのに、さらに価値が下がるということです。

「フリーの道もある」という人もいますが、何の実績も信用もない若者に、誰が仕事を発注するでしょうか。

せっかく苦労して会社に入ったのだったら、1つでも2つでも職務経歴書に書ける実績やストーリーができるまで、頑張ってみるべきです。人に誇れる実績をあげることができれば、会社もコモディティとは見なくなり、よりチャレンジングな仕事を与えられるはずです。それでも会社が応えてくれないのなら、そのときに初めて転職を考えればいいのです。実績をしっかり上げていれば、転職活動する前にライバル企業やお得意先から声がかかるかもしれません。

勲章がついている人（ブランド化された人）になれるかどうかは、シェーバーによく似ています。

何万円もする電気シェーバーも、1本数十円の使い切りT字シェーバーも、ひげを剃るという機能は変わりません。しかし前者は大切にメンテナンスされ、充電もしてもらえ、何度も繰り返し使い続けられる。中にはひげを剃るたびに自らの刃を磨くシェーバーもあり、長く重宝されます。それに対し、T字シェーバーは使い切りです。コモディティは、努力をしなければ、いつまでもコモディティなのです。

心得

32

就職面接で、面接官に絶対に伝えなければいけないこと

企業は、新卒でも中途採用でも、面接が進むほど能力やスキルよりその人の価値観や人間性を確かめるべきだと思います。

スターバックスに応募する人の多くは、スターバックスというブランドが自分の感覚にフィットするから応募するのです。会社側も、この応募者はスターバックスのブランドを保ち、より磨きをかけてくれそうかをチェックします。いわゆる「カルチャーフィット」を大切にします。

最初の段階では、その人にはどんな才能や特技があるのか、話し方や服装はしっかりしているのかを見ます。その人の基礎力をチェックすると言っていいでしょう。

そして面接の段階が上がるにつれ、チェックする内容は志で響き合えるかどうかに変わっていきます。お互いの価値観があまりにずれていたのでは、入社してもお互い

不幸な結果に終わるだけです。

ザ・ボディショップのCEO時代は、新卒採用でも中途採用でも私が最終面接を行いました。毎回、面接では決まってこう聞きました。

「あなたの人生で、もっとも光り輝いていた時期のエピソードを教えてください」

自分がもっとも光り輝いていたときとは、

「あなたが自分の強みを最大限発揮できたとき」

ということです。

それぞれの具体的なエピソードに耳を傾けると、その人がどんな志を持ってその瞬間を生きていたのか、そしてどんな強みをどう活かしたのか、よく理解できるのです。

部活で頑張った、全国大会で優勝した、という実績と共に、そのとき何を考え、何のためにそうしたのか。その結果どう自分が成長し、周囲はどう変わったのかが聞きたいのです。また、どうしてそのエピソードを選んだかによって、その人の価値観も理解できます。

才能に恵まれた「エースで４番」ばかりを採用したいのではなく、補欠でも、献身的な努力や忍耐力をもって球拾いをしていた人を見つけ出したい。その人の能力が最大限発揮できる場所を会社として提供できれば、お互いｗｉｎ－ｗｉｎの関係になります。

心得

33

「ありえない」ことをやってのけろ

社内で、あるいは取引先で、「伝説」を聞いたことはないでしょうか。にわかには信じがたい話、ちょっと心がなごむ話、そこまでやるか？　という話、あまりに壮絶な失敗でもはや笑ってしまうしかないような話。いずれも伝説の主人公は情熱的で、愚直にやっているからこそ起こるエピソードであり、またそれによって長く語り継がれているのです。

志をもって一所懸命に取り組んでいると、あるとき伝説が生まれます。「ホテル業ではなくホスピタリティ産業」を謳《うた》っているリッツ・カールトンで、ゲストの忘れ物を新幹線に乗って届けに行った話や、スターバックスでのシナモンロールの話などは伝説です。

これは個人の場合も同じです。

自慢話で恐縮ですが、若き岩田松雄が裸足で工場を歩いて、親子ほど年の離れた専務さんを男泣きさせてしまった話、酒屋の店員さんと接触事故を起こしてしまったことがきっかけでクルマを買ってもらった話も、その後ずっと私のあとを追うように、担当になった後輩が、「どこに行っても〝岩田伝説〟がある」と教えてくれました。

期待されれば、期待通りに相手を満足させるだけでなく、それ以上の結果を出して応えたい。それはときに、相手の笑いを誘ったり耳を疑わせたりするような、それでいて「なるほど、彼ならそれはありえるね」と納得してしまう伝説を生み出すのです。それがブランド力を強化します。

成功した話じゃなくてもいい。

大失敗した話でもいいのです。

伝説になるくらい、お客様や社会のことを思って、周囲の想像を超える仕事をしてみてください。

心得

34

脱皮できない蛇は死ぬ

私は大阪出身ということもあって、阪神タイガースの隠れファンです。強いときは誇らしげにファンであることを語りますが、弱いシーズンはじっと黙っていますから、あまりほめられたファンではありません。

プロスポーツは、実力の世界です。毎年結果を残せなければ解雇されます。

かつてフリードリヒ・ニーチェはこう語りました。

「脱皮できない蛇は死ぬ」

過去の自分の考え方や経験に縛られず、常に新しい自分に生まれ変われと言っています。

変化・成長し続けることが大切なのです。過去の成功体験に満足してしまうと、革新を起こせず、ひとつ覚えのように自慢話を繰り返すようになってしまいます。過去の成功体験が強烈であればあるほど、より強い力で自分を縛ってしまう。ここが落とし穴です。

たとえアップルのような革新的な企業だとしても、iPhone、iPadのマイナーチェンジに終始し、これに続く新たな製品を長い期間生み出せなかったとしたら、やはり衰退していくでしょう。

プロスポーツ選手も同じです。「阪神タイガース」というチームは存在し続けていても、選手は毎年入れ替わり、十数年も経てばほぼ全員が入れ替わります。それは必要な新陳代謝であり、そうしなければ勝てません。

元阪神タイガースの外野手、川藤幸三さん。

私の大好きな選手であり、今も解説者として活躍されています。選手時代、一度は引退の危機から復活し、代打の切り札として活躍。**記録よりも記憶に残る名選手**でした。いついかなるときも逃げずにピッチャーに向かっていく、いつもチームのために大声を張り上げている川藤さんは「ミスター阪神タイガース」としてブランドになっていました。選手としては目立った数字を上げていません。しかし、その存在感は絶大なのです。

脱皮できない蛇は死ぬ。しかし、それは単にすべてを捨て去ればいいというわけではないことを、川藤さんは教えてくれています。持ち前の明るさ、ポジティブさ。周りを明るくさせる能力は、現役を引退しても健在です。

今は「元ミスター阪神タイガース」ではなく、「男・川藤」として、阪神ファンを楽しませる解説者として、活躍されています。川藤さんが脱皮できた理由は、**ご自身の中に「阪神を愛し続け、周りを明るく元気づける」というミッションを活かしたままでの脱皮、革新があったから**だと思います。現役時代はチームを元気づけ、今は視聴者やリスナーを元気づけています。だからタレント、解説者としても輝き続け、阪神を愛し続ける川藤さんはブランドであり続けるのです。

今の能力、今のミッションが本当に活きる場所は、かならずしも今の場所ではないかもしれません。「ここにはあなたの居場所はない」と言われても、決してそれまでのすべてが否定されたわけではない。自分のミッションに従って愚直に生きているのなら、必ずそれをブランドとして認めてくれる人が出てくるのです。

心得

35

西郷と大久保、ブランドなのはどっち？

私は昔から歴史が大好きで、歴史上の人物の名言をFacebookやブログで発信しています。

私にとって、日本の歴史の中で血沸き肉躍る抜群に面白い時代は、何と言っても、幕末から明治維新です。

この激動の時代を駆け抜けた志士たちは、高い志を胸に秘め、今も色褪せないブランドを身につけた人たちです。そして倒幕を主導した薩摩と長州は、地縁の集団として、その後も日本の中心であり続けました。ここでは幕末の人物をケースとして考えてみます。

志士の中でもっとも人気のある人物のひとりは、薩摩の西郷隆盛です。

西郷が人気を集めている理由は、維新前の強いリーダーシップや私利私欲のない人徳の高さであり、その包容力の大きさのせいでしょう。地位や財貨に執着せず、上野の浴衣姿の西郷像に象徴される質素な暮らし振りも共感を呼びます。征韓論を受け入れられずに下野し、郷里の不平士族に担がれ西南戦争を起こし、最後は、「もう、ここらでよか」と言って自決しました。

アメリカ人は、「アメリカン・ドリーム」といって成功して金銭的にも報われている人物を評価する傾向がありますが、**日本人は「無私」や「清貧」を好み、高い志を掲げている人を尊敬する傾向**があります。

一方、同じ薩摩出身で、西郷と長年行動をともにしてきた大久保利通は、いまひとつ人気がありません。やはり志半ばで暗殺により死を迎えますが、袂《たもと》を分かった西郷のような派手なエピソードもありません。

文明開化の中で農本主義を唱え、儒教的なスタイルを好んだ西郷に対し、大久保は欧米化を進めるために洋装して洋館に住み、馬車に乗りました。自ら進んで武士の世の中を変え、富国強兵を進めるために不平士族を容赦なく取り締まりました。
それが、変わりゆく世の中から置いていかれるという危機感をもっていた守旧派には、冷酷と映ったわけです。

私は西郷も大久保も大好きです。どちらも偉いと思います。ただ大きな目標に向かうためのプロセスが違ったことで、かたや内乱の首謀者とされ、もう一方は士族を裏切って独裁を進めているとして暗殺されるという悲劇的な結末を迎えてしまいます。

これを、「ブランド戦略」という視点から想像してみると、両者のミッションは**「日本を欧米の侵略から守るため、より強くしなければならない」**だったと思います。そして、その方法が西郷と大久保では大きく異なっていた、という解釈が一般的です。欧米を2年かけてじっくり見てきた大久保には、産業革命による国力の違いをまざまざと感じ、このままでは植民地化されるという焦燥感があった一方、西郷は欧米を見ていなかったので、「農業に帰れ」と呑気なことを言っていました。もし日本も鎖国が続いていたならば、西郷の考えも正しかったかもしれませんが、世界情勢を踏まえれば、大久保の考えが正しかったと言わざるを得ません。

一方、ブランドという観点で見ていくとどうでしょうか。**西郷の「無私」はブランド化されました**。あるいは、されすぎてしまった。そして、**大久保は孤高のあまり自分のブランドの見え方に注意を払わなかった**。ミッションは清廉でも、厳しい言い方をすればブランドへの「無頓着さ」のせいで独裁者と誤解され、路上で暗殺されてしまったのではないでしょうか。

注目したいのは、西郷も大久保もおそらく「無私」の塊だったということです。西郷はそれを素直に表現し、「無私」好きの大勢の不平士族の支持を集め、あるいは集めすぎて収拾がつかなくなってしまった悲劇の人。

そして大久保は、「無私」でありながらも、欧米に追いつくためには彼らの技術や文化を取り入れなければどうしようもないことに気づき、自分の好みや考え方とは無関係にスピード重視で国を洋風化していった。これは「裏切り者」のように見えて、じつはその正反対なのです。しかし、西洋かぶれの成り上がりが世の中を仕切ろうとしているると誤解されたまま、暗殺されてしまいます。大久保の頭の中には、新生日本を欧米の列強に植民地化されてはいけないという危機感だけがあったのではないでしょうか。若い頃に時の藩主・島津久光に近づくために囲碁を勉強したことと、欧米に侮《あなど》られないため鹿鳴館などに代表される西洋化を推し進めたことは、目的達成のために最適な手段を選ぶという、大久保の合理主義を感じます。

不平士族として内乱を起こした江藤新平や前原一誠にしても、その志はその後の板垣退助などの自由民権運動に受け継がれていきます。不平不満は武力やテロで表現するのではなく、公の場で意見を戦わせよう、という民主主義の進歩の礎《いしずえ》になったのです。

心得

36

なぜ、「薩長ブランド」は衰退したのか

志半ばで西郷も大久保もこの世を去り、またそれ以前の、坂本龍馬や高杉晋作に代表される志士たちも、いずれも明治日本の発展を見ることはありませんでした。

明治時代は、藩閥政治の時代です。志士を生み、明治維新をリードしてきたいわゆる雄藩、中でも長州と薩摩の出身者が政府や軍の要職を占め、また実力とは関係なく登用された時代でした。そして現代においては、否定的、批判的に語られることがほとんどです。

自由民権運動や普通選挙の実現を求めた大正デモクラシーは藩閥と戦った、というのが近代日本史の大筋の理解です。また制度面から見れば、その過程で学校や試験制度が整備され、全国から優秀な人材が学力試験によってセレクションされるようになると、やがて藩閥は力を失っていきました。ある意味では能力主義になったので、出

身に関係なくチャンスが与えられたのです。しかし、その学力エリートたちが、その後の日本を誤った方向に導いていってしまうのです。学力試験ではその人の「才」（＝能力）は計れても、「徳」（＝人間性）を見ることはできません。

薩長といえば、幕末から明治維新直後にかけては日本を動かした原動力として肯定的に語られることが多いのに、なぜ明治政府が安定してくるとむしろ批判的な見方をされてしまうのか。**ここに、志を失うことでブランド価値も失っていく様子が見てとれます。**

日本を欧米の植民地政策から守りたい。そのためには徳川幕府はじめ守旧派を排除し、日本を強くしなければならない。産業を起こし、国力を豊かにしなければならない。階級や身分を超え、優秀な人が表舞台に立たなければならない。それが薩長をはじめとする志士たちのミッションでした。また、それに抵抗した人たちにもそれぞれにミッションがあり、時代を背景としてそれが武力でぶつかり合った。

だから薩長はブランド化し、もともと敵対していたのに志によって結びつきました。

幕末の志士たちは「一日遅れれば、日本の夜明けが一日遅れる」と東海道を走りに走りました。国を思い、多くの若い命が散っていきました。こうした幕末の出来事は、今も私たちの胸を打ちます。

ところが明治政府が走り始め、偉大な先輩たちが生命を落とすと、国のためというミッションが薄くなる一方で、「薩長ブランド」だけが生き残ってしまったのです。もちろん、明治以降の薩長出身の政治家や実務家をすべて否定しているのではありません。ただ、さまざまなポストが藩閥によって占められ、地縁がなければ一定以上の職責にエントリーすることもかなわない、という極端な時代を迎えます。

つい数十年前は日本を変え、日本を救った志あるブランドであったはずの薩長が、甘い汁を吸うことしか考えていない閥族になってしまう。ここが興味深いところだと思うのです。

ある程度名をなした企業にも、あるいは個人にも、最初はミッションとブランドが表裏で一致している時期があったはずなのです。

しかしそれは、永続することを決して保証されません。易《やす》きに流れ、私利私欲を追って志をなくせば、やがてブランドは低下し、最後には怨嗟《えんさ》の的になり、正反対の評価にすらなってしまう。日本のためにというミッションをしっかり持たない人が権力を持ってしまったら、**権力は絶対に腐敗します。**

逆に言えば、長い間一流ブランドであり続けられた企業や個人は、何らかの形で堕落を回避してきた。私は日本の近代史に、そんな流れを見るのです。

心得

37

坂本龍馬が教えてくれたこと

さまざまな志士の中で、特に人気のあるのは、やはり坂本龍馬と西郷隆盛ではないでしょうか。同時代の同格のヒーローとして語られている高杉晋作や河井継之助も確かに痛快ですが、それでもやはり、掲げたミッションが少し狭いと思うのです。

その差とは、高杉が長州藩を、河井継之助が長岡藩を大切に思い、自分の藩のために働いたのに対し、**龍馬や西郷は日本全体の未来を考えていたことです。**

いずれも無私という点では尊敬に値する人物ですが、龍馬は「日本を今一度せんたくいたし申候」と考え、西郷にいたっては、日本のためなら薩摩藩など潰れても構わないと考えて島流しにあう、というのは特筆に値します。

コミュニケーションの手段が限られ、旅行も難しかったこの時代、一介の地方の武士がそこまで大きな志を持てたということの素晴らしさは、明らかに時代を超えています。今の感覚では、地球規模で志を持っているようなものです。そんな広い考えがあったからこそ、薩長が同盟を組めたわけです。

ここから汲み取るべき教訓は、**不動のブランドは、より普遍的な、より大きなミッションによって築かれる**、ということです。

若い頃は、龍馬や西郷のような高いレベルでなくてもよいと思います。自分自身の成長とともに、個人から組織、組織から日本のため、世界のため、人類のためというふうに、ミッションを進化させていってもよいのではないでしょうか。

その後、歳と共に焦点が絞られ、そのミッションにどのように貢献できるかが見えてきて、より現実的になっていくのだと思います。ベンチャー企業の経営者が、上場を果たして億単位のお金を手にした瞬間に世の中から消えていってしまうのは、自分と会社のミッションを進化させることができなかったからではないでしょうか？　ソフトバンク創業者の孫正義さんは、５００年後、１０００年後の日本のことを考えていると聞きます。

心得

38

みんな違って、それでいい

優れた企業や商品は、他にはない新しい価値を提供しているからこそブランドになりえています。

個人もまったく同じです。**みんなと同じである必要などどこにもありません。むしろ違っていないことを心配するべきなのです。**どんどん出る杭になっていいし、無理に他人と歩調を合わせたり、つなぎたくもない手をつないだりする必要はありません。**みんな違っていいし、むしろ違っているほうが面白いのです。**

日本の教育は長らく、人と違うことをよしとせず、逸脱を許容しにくい制度の下で行われてきました。

均質性が重視され、得意な分野の能力を最大化することより、全教科を薄く広くできるオールラウンダーが誉められてきました（私の場合、結婚式で「特徴のないのが特徴」と言われるほど特徴がないのも個性かもしれません）。

かつての日本のような工業的発展の過程では、均質なモノをつくるなかで、独自の個性を出されては困ってしまいます。だから、ある時期までは均質的な教育にも合理性があったのです。ところが、今ではその種の作業はどんどんロボットや労働力の豊富な他の国が代替しています。

均質化が求められる時代ではなくなっているにもかかわらず、思考よりも数式や知識の暗記を重視する教育だけが残り、日本が窮地に陥れば陥るほど、学生には大企業や公務員の職が「安定」という名のブランドに見える。こうして、進んでコモディティ化されに行く人が増えてしまう。こんなに残念なことはありません。

本当は誰もが、**「世界にひとつだけの花」**なのです。日本の教育や大人の考え方に、あなたが縛られる必要などありません。

自分のミッションをしっかり持ち、それを磨いていけば、誰もが自分ブランドを確立できます。自分の価値や可能性を信じましょう。

第5章

一流は「相手の幸せ」を探す

「あなたが善を行うと、
利己的な目的でそれをしたと言われるでしょう。
気にすることなく、善を行いなさい。
あなたの正直さと誠実さとが、
あなたを傷つけるでしょう。
気にすることなく、正直で誠実であり続けなさい」

――マザー・テレサ

心得

39

一流は「to be good（善である）」、二流は「to do good（善を行う）」

もう一度、「岩田流ジョハリの窓」を見てください（次ページ）。

自分なりにミッションを持っていても、それが他人に伝わっていなければ、あなたはブランド化しません（第2の窓）。また、他人から見たあなたの素敵な部分も、自分で気づいていなければ、それをブランド化させることはできません（第3の窓）。

ジョハリの「第2の窓」と「第3の窓」。**自分自身のイメージと、他者があなたに抱くイメージを一体化させていくと、素晴らしいブランドができていきます。**

「自分がどう見られているかを心配し、人と違っていることに恥ずかしさを覚える」必要などまったくありません。

あくまで、自分と他者が抱くイメージのギャップを把握、検証する作業が必要なの

岩田流ジョハリの窓

自分は知っている
自分は知らない
他人は知っている
他人は知らない
ブランド
ミッション
第1の窓
共通認識・定評
（すでに「表裏」
になっているもの）
第3の窓
フィードバックを
もらうべきこと
（他人しか知らないあなた）
第2の窓
アピールする
必要があること
（心に秘めたミッション）
第4の窓
未見の我

であり、そこから思わぬ発見があったり、自分が誤解されていることを知ることができるのです。

他者から見たあなたは、いくら自分の認識とは違っていても、他者にとってはそれが「真実」なのです。

会社のために一所懸命にやった行為が、同僚からは自分の出世のために行っているように見られてしまう。伯父さんからもらった形見の高級腕時計をしているだけで、ブランド志向の嫌な奴だと思われてしまう。

講演会などで、聴衆の中で腕を組んでしかめ面で聴いている人がいると、私の話がよほどつまらないのかと、話していてとても心配になります。

しかし、あとで感想文を読んでみると、とてもよかったと書いてくださっていて、ホッとします。自分がどのように映っているかは、必ずチェックしてみる必要があるのです。他人があなたをどう見ているか、つまりあなたがどう見えている(＝ブランド)かは、客観的な情報として素直に受け入れる必要があります。

自分ではミッションとして意識していながら、なかなか他人には伝わっていない部分（第2の窓）をどうやって表現していくか。そのヒントは、「一流のブランドなら必ず守っていること」にあります。

ブランドは「お約束」であり、いついかなるときでもそれを裏切ってはいけないのです。これは、企業や商品の場合だけでなく、個人もまったく同様です。「あの人は一流だ」と言われるような人は、日常的な「基本動作」をきちんと行っています。
その基本動作を身につけ、習慣化していけば、しっかりとしたブランドが構築されていくのです。

ブランド化された人のもっとも基本的な動作は、「to be good」（存在そのものが善であること）であるべきだと思います。いついかなる時でも、相手が誰であっても、何をしている場合にも「善をなしえる」ということです。

これに対して「to do good」とは、善行をなすこと、単純によい行いをすること、という意味です。しかし、いいことを意図的にするという行為は、何か見返りを期待していることにみられかねません。親や先生に誉められたり、ちょっといい格好をしたかったり、社会に貢献しているという印象を与えたい、という効果を期待しているからです。**意識的に善を行う「to do good」では不十分なのです。**

一方で「**to be good**」は、つねに存在そのものが善であるのです。どうすれば得をするのか、どんな行動をすれば他人の目にどう映り、その結果自分がどんな評価を受けるかなどは関係ない。意識しない自然な振る舞いとして、人と会えば相手を緊張させないよう笑顔をつくり、ゴミが落ちていればそっと拾う。困っている人がいれば人知れず助け、人の世話になれば礼を尽くし、会議で出されたお茶カップは、終わったときに片づけやすいように1か所に寄せておく。本人にとってまったく普通のことが、自然と良い行い（＝善）になっているのです。

一つひとつは些細なことですが、目覚めたときから「to be good」であり続ける努力によって、次第に、何も考えなくても当たり前の自然な振る舞いとしてできるようになるのです。

作為的なマニュアル管理では、スターバックスの店舗の前で交通事故を起こしてしまった人に、「心を落ち着かせてください」とコーヒーを差し出すパートナーのような奇跡は、決して起こせません。このパートナーは、マニュアルに従うのではなく、自然な「to be good」の行為としてコーヒーを差し出したのです。

ある人が誰も見ていないのに、ゴミをそっと拾ってポケットにしまった。トイレの洗面所で、次に使う人のために飛び散った水滴をふいていた。たまたまそんな現場に出くわすと、私はその人を心から尊敬し、人にも言いたくなります。結果的にその人のブランドになっていくのです。

"It is much more important how to be good rather than how to do good."
（いかに善を成すかというよりも、いかに自ら善く在るかということの方がより大切である）

私は、陽明学者の安岡正篤《まさひろ》先生のこの一文に出合って以来、その意味がなかなか理解できませんでした。「to do good」で十分ではないかと思っていました。

例えば満員電車で席に座っていたら、目の前におばあさんが来ました。このときに他人の目を意識して自己顕示欲から席を譲った人と、おばあさんのことが心配で、電車が揺れるたびに倒れないか気にしながらも、「どうぞ」という勇気がなくてそのまま座っている人とどちらがよいのか？

前者は、おばあさんのことを心配しているのではなく、自分がどう見られるかという打算から善い行いをしました。これは「**to be good**」ではないかもしれませんが、少なくとも行いにおいては「to do good」であるわけです。

逆に、後者はgoodな気持ちをもっていても、行動がともなっていません。どんな動機であれ、善行をしたのだから、それは賞賛されてもよいのではないか？　だから「to do good」で十分ではないかと考えていました。しかし、最近、論語の中の、

「七十にして心の欲する所に従って、矩《のり》を踰《こ》えず」

（70歳になってからは、心のおもむくままに行動しても、道理に違うことがなくなった）

という言葉を思い返して、「**to be good**」とは、こういう状態ではないかと思うようになりました。

つまり、本人が意識せず自然に振る舞っていても、つねにgoodな状態になっていること。目の前におばあさんがいたら、周りに人がいようといまいと、ごく自然に席を譲る。本人は特に善いことをしたという意識はなく、勝手に体が動くような状態。これこそが「**to be good**」であり、その人の「基本動作」になっているのです。

聖人の孔子様でも、70歳にしてようやくそういう境地になったのですから、凡人の私が簡単にそこに達するはずもなく、道はとても遠い気がします。しかし、その境地に少しでも近づけるよう、努力していかなくてはなりません。

心得

40

「センシティブ・トレーニング」のススメ

次に、第3の窓「フィードバックをもらうべきこと（他人しか知らないあなた）」についてです。

大切なのは、**「自分のイメージは、他人に聞くよりほかにない」**ことをしっかり意識することです。そして、**ポジティブでもネガティブでも、フィードバックをきちっと指摘してくれる人に感謝すること**です。

他人を誉めるのは、容易なことです（それさえ苦手な人もいますが）。「とてもいい声だ」、とか、「気づかいが素晴らしい」、といいところを指摘することはやりやすいし、誉められた相手もうれしいはずです。

スターバックスでは「GABカード」を使って、パートナー同士が感謝の言葉をカードに書いて相手に渡す習慣があります。そのおかげで、あの独特の暖かい文化を生み出しています。

ただ、せっかく誉められても、日本人の場合にはその奥ゆかしさもあり、素直に受け入れない時もあります。照れ臭くても自分の良い面を受け入れて、さらに伸ばすようにしたいものです。


問題はネガティブなフィードバックです。

「その服装は場に相応《ふさわ》しくない」「さっきの口調は相手を威嚇するトーンだった」「相手がしゃべっているときにスマートフォンを触っているのは失礼」……こんな指摘は、嫌われるリスクをともなうため、する方とされる方にそれなりの信頼関係がなければ、なかなかできるものではありません。

しかし、こういうフィードバックこそ、本当にありがたいものです。指摘を受けた側は、その内容についてもさることながら、言いにくいことを言ってくれた相手に深く感謝し、そのことを伝えるべきです。

これに似たことに、世界一の自動車会社のトヨタでは、部下から悪い報告を受けると必ず「ありがとう」と言う習慣があると聞きます。上司に対して言いにくいことを「よくぞ言ってくれた」という感謝の気持ちを言葉に表し、悪い情報が上に伝わらなくなることを防いでいるのだと思います。

私も「岩田さん、食べ方がちょっとよくないですよね」と言われて、びっくりしたことがあります。私には、食事を噛む時に口を開けて食べる癖があるようで、食べる音が気になるとのことでした。指摘されるまでまったく気がついていませんでした。それから食事をするときには気をつけ、この指摘をしてくれた人に、今も本当に感謝しています。

絶対にしてはいけないのは、フィードバックされた内容について反射的に反論したり、言い訳をしたりすることです。例えば、あなたは毎月ファッション誌を購読し、服装にこだわりをもっているとします。そんなあなたが「色のコーディネーションがよくない」などと指摘されると、一瞬むっとすることでしょう。

しかし、大切なのは、あくまで他人が自分をどう見ているかであって、それが予想外のネガティブな指摘だとしても、我慢しなければなりません。「そう見えている」ことは、相手の中では真実なのですから、素直に受け入れないといけないのです。

自分自身を知るためのフィードバックは、当然謙虚な人ほど受けやすくなります。どんなに不動の人気ブランドになろうと、「自分が一番だ」と思い始めたときから謙虚さが失われ、他人のフィードバックを受けにくくなり、ジョハリの「第3の窓」が放置されて「第1の窓」が広がっていかなくなるのです。むしろ第3の窓が狭くなっていくかも知れません。

確実にフィードバックを受けるために、どう謙虚さを発揮するべきなのか。それは、**何人かの信頼できる人に、指摘をしてくれるようあらかじめ頼んでおくことです**。そしてもし相手が同じように望めば、自分も相手についてのフィードバックを気がついたら、指摘してあげることです。相手に指摘することで、自分も気をつけるようになるメリットもあります。「人の振り見て、我が振り直せ」です。

いわば、お互いがどう見えているかをフィードバックし合うのです。そう言った関係が、本当の「心友」だと思います。そのときの注意点は、必ずよい点を誉めた上で、改善点を優しくフィードバックしてあげることです。

信頼できる人とは、たとえば直属の上司や先輩の中からメンター（指導者、助言者）になってもらえるような人。あるいは仲のよい同期生。会社の外にいる、ときどき会う友人。さらに恋人、配偶者が身近な有力候補です。

「先ほどの挨拶の言葉遣いで何か気になるところはありますか？」

「ちょっと最近プレゼンで手応えを感じないけど、どう映っている？」

といった質問ができるような相手を、できれば複数人探します。

立場の違う人が何人かいると、より複眼的にわかるようになります。複数の人が指摘していることは、より信憑性が増すからです。

これは企業の研修などで取り入れられている**「センシティブ・トレーニング」**の簡易版と言えます。

「センシティブ・トレーニング」とは、数名のメンバーがチームとなり、テーマにそってゲームをしたり、答えのない議題で討論して、最後にメンバー相互によいところや問題点をどんどんフィードバックしたりするものです。自分の問題点が容赦なく指摘されるので、最後は泣き出してしまうメンバーも多くいます。

私も日産入社直後の研修で約1週間にわたって経験したのですが、今まで受講した中で一番印象深い研修でした。チームメンバーが互いに本音をぶつけていくと、研修後には、それこそ何十年来の古い友人のようになりました。

自分のことについて他人にいきなりフィードバックされると、普通は反発するものですが、ゲームや議論を通じてお互いに信頼関係ができてくるから、素直にコミュニケーションがとれるようになります。自分では思いもつかない視点を提供され、それを受け入れられるようになることで、自分に関する理解がどんどん広がっていくのです。

このとき一緒に参加したメンバーは、その後に会う機会がなかったとしても、いまだに仲間だという意識が消えません。ちなみに阪神タイガース、旧福岡ダイエーホークスなどで活躍された投手で、現・野球解説者の池田親興《ちかふさ》さんは、当時社会人野球の日産自動車の野球部員で、社員として同じ研修グループに参加していたひとりでした。池田さんをテレビで見るたび、当時のことを思い出します。

できるだけ信頼のおける人が周りに多いほうが、より的確なフィードバックが受けられますから、そういう環境をつくることも大切です。

いい環境をつくるために今すぐできる簡単なコツがあります。何らかの関係がある相手に対して、たとえ意見が正反対だったり、やり方や考え方に違いがあったりしても、**決してすぐには否定しないこと。**そして何よりも最初に感謝を表現するように心がけ、

「ありがとうございます。また気がついたら教えてくださいね」

とお願いすることです。相手があなたのことを思って話しかけてくれたことが、自分の意図や、自分が抱いているイメージと離れているという理由で、あからさまに不快になったり、批判したり、変な言い訳をしてしまうと、恐らく有用な指摘をしてくれることは二度とないでしょう。とにかくフィードバックを受けたら、まずは「ありがとう」と言うことを心がけてほしいと思います。

心得

41

誰にでも平等に関心を持ちなさい

私は、社長から新入社員、どんな役職であろうと、基本的には野球の守備位置のようなものであって、社員同士に上下があるわけではないと考えています。たまたま守っているポジションが違うだけで、全員がかけがえのない大切な仲間たちです。俺は偉いんだと傲慢な態度をしている人に限って、社会的に上位にある肩書きの人には、へつらった態度をとってしまう。肩書きや地位で人を評価してしまう。これは到底、一流の人のやることではありません。

受付の担当者が挨拶しても、若い社員が世話をしてくれても、知らん顔です。そんな人を見た周りの人は、「ああやっぱりあの人は偉い人なのだ」とは思いません。「なんだ、偉そうに！」と感じるだけです。

かつて勤めていた大企業の財務担当だった頃、格付機関との重要な役員ミーティングがありました。私はその準備のために、連日夜遅くまで資料づくりをしていました。会議の当日も朝早くから、役員フロアーに行って、準備をしていました。

廊下を歩いていると当時の社長が出勤してきました。私は大きな声で「おはようございます！」と声を掛けたのですが、完全に無視されてしまいました。その社長は普段から自由闊達《かったつ》な風土をつくろう、「さん付け」運動をやろう、などと社内報に書いていたにもかかわらず……です。私はとてもがっかりしました。役員フロアーに若造がいるから驚いたのかもしれませんが、反射的に「おはよう！　ご苦労さん！」と言っていただければ、どんなにうれしかったことでしょう。

一流の人は、相手の立場や肩書きに関係なく、誰に対しても同じように接します。むしろびっくりするくらい腰が低く、こちらが恐縮してしまうことすらあります。

コカ・コーラボトラーズの経営者のS会長は、私が日本コカ・コーラ在籍時代からお世話になっている大恩人です。その人柄に惚れたきっかけは、彼の腰の低さでした。

あまりに偉そうではないため、最初は「どこのおじさんなのだろう」と考えてしまうほどでした。しかし一度お話しすると、誰もがSさんのファンになってしまう。そしてみんなが、彼のためなら何でもしようと思ってしまうのです。

Sさんは大学時代に応援団長をしていた方で、会社のスポーツ事業を熱心に応援されてきました。私は見かけの腰の低さとは裏腹に、心の中に秘めている情熱や気概は、とても激しいものではないかと感じていました。

いろいろなご苦労や辛い経験を経て、今のような人格を練り上げられたという気がします。私自身も見習って、できるだけ誰とでもわけ隔てなく接するように心がけています。

エグゼクティブ・コーチング（経営者向けのコーチング）をしていて思うことは、**多くの経営者にとっての悩みは「人の問題」だということです。**私は、世代間ギャップのある人と接するときは**「まず相手に関心を持つこと」**から始めてみてはどうか、とアドバイスをします。

スターバックスに行って、パートナーから、「今日もいつものソイラテですか」とか、「あれ、今日はいつもよりも少しお早いですね」などと言われると気持ちがほっこりします。それは自分に関心を払われていることがうれしいからです。他のほとんどのコーヒーショップでは、何度訪問しても「いらっしゃいませ」とワンパターンの対応しかしてくれません。お客さまに関心がないから、いつも注文する商品や来店時間に関心がないのです。いわゆる「顔馴染み」にはなかなかなれないのです。

また目下の人にお世話をされたら、「ありがとう」と言うのは当たり前のことです。でも、これだけでは足りない。**何でもいいので、相手に関するちょっとしたことを、感謝の気持ちと一緒にひと言加えるのです。**

お茶を出してくれた人に対して、「ありがとうございました。このお茶、とてもおいしかったです」、あるいは取り次いでくださった人に対して、「お世話になります。受付に生けてあったお花、とてもきれいですね」などと、ちょっとしたコミュニケーションが生まれるきっかけをつくり、相手の気持ちをほぐすことで感謝の意を伝えるのです。

どうしてもきっかけを見つけにくければ、とりあえずちょっとした「手土産」を持ち歩くようにすればいいと思います。

そして「たまたまメロンパンを買ってきたので、よかったらどうぞ」と差し出し、どのへんがおすすめポイントなのか「うんちく」のひとつでも軽く披露しておけば、どんな相手だってうれしくなります。

「愛情の反対は憎しみではなく、無関心です」（マザー・テレサ）

無関心にされることとは、ある意味無視されることと同義語です。人を一番悲しい気持ちにさせます。

まだ、敵意を持ってくれたほうがましです。感情がネガティブであっても、関心があることには間違いありません。話し合いや徹底的な討論、あるいはケンカでもしてみれば案外わかり合えるケースが多いのは、敵意とはいえ、相手への関心そのものが存在しているからです。

もっともひどい仕打ちは、まったく関心をもたず、無視してしまうことです。先程の例で言えば、お茶を出されても見向きもしない。案内をされても当然のことと思って何も関心を示さない。年の離れた部下は、上司が何もコミュニケーションをとってこないことに対して、**「うちの上司は私に関心がない、私は無視されているのだ」**と解釈しているはずです。

私もアメリカ留学中に、一部の白人に全く無視されているという感じがしました。一方、台湾やブラジルから来た留学生たちは、とても好意を持ってくれていました。韓国からの留学生も時には議論をふっかけてくることもありましたが、日本に大きな関心を持ってくれていることが感じられました。しかし、いわゆるアメリカ東部から来た白人の中には、2年間話すことはもちろん、挨拶すらまったくしてくれなかったクラスメートがいました。

私は「関心を持つこと」とは、まさしく「愛すること」の始まりではないかと思い

ます。そして「挨拶」するだけでも、その人に対して関心があることを表すことができます。
一つひとつのコミュニケーションを大切にすることで、周囲のあなたへの関心も確実に高まっていくはずです。

心得

42

岩田式「怒らない技術」とは

私は、若いころから、社内会議などでどんどん意見を言ったり、質問をしたりしていました。一般的に若い人は、立場をわきまえて、あまり発言しないようにしている人も多いと思います。しかし、上長に対してでも、真正面から反対する意見を発言しなければならない場面が必ずやってきます。

では、どんなときに発言し、どんなときに黙っておくべきなのか。これは大変難しい問題です。

そもそも私は、すぐに「おかしい！」と思って発言してしまうタイプでした。そして、不用意に発言をして、後で後悔することもよくありました。小さなことにまでいちいち意見を言って、敵をつくることは得策ではありません。「また岩田は文句ばかり言っている**！**」と思われ、よい意見でも聞き流されてしまいかねません。

そこで、私なりに反射的に言葉を吐き出さないようにする方法を編みだしました。

その名も**「棺桶テスト」**です。

私と同じように、ひと言多いと指摘される人には、ぜひおすすめしたい方法です。どうも発言者の言っていることがおかしい、それは違う、という感情がムラムラ湧いてきたとします。そこで私は一度、頭の中で自分が棺桶に入っている姿を想像するのです。

この世を去るに当たり、やっぱりあのとき、あの会議で指摘しておくべきだったと後悔するか、それとも、まあそこまで気にするほどのことではないのか。

それを判断するため、一度頭の中で棺桶に入る。今のところ、これが私にとって有効な判断の手段になっています。

イライラしがちな自分に一瞬ブレーキが利き、無用なノイズを発することを抑え、どうしても言うべきことだけを発言することができるのです。

心得

43

「ロール・モデル」にする人の4つの条件

「どんな自分になりたいのか、イメージできない……」。なかなか自分の理想とするブランドが思い描けないときは、見本となるような「ロール・モデル」を見つけるといいでしょう。自分が尊敬できる、師匠となるような理想の人を見出し、「心の師」として密かに目標にするのです。

ロール・モデルにする人には、4つの条件があります。

条件1　大勢に慕われている人

人から尊敬されている人、素晴らしいブランドを確立している人には、当然の結果として人が自然に集まってきます。地位や貧富に関係なく、大勢の人から尊敬されている人です。

条件2　勉強家の人

ちょっとした質問をしただけで、広い知識や経験から、わかりやすい例を出して丁寧に説明してくれるような人です。そして、日ごろよく勉強しているために、何事にも自分なりのものの見方、考えを持っています。また歴史や哲学にも詳しくて、視座が高く視野が広い人です。

条件3　謙虚な人

一流の人は周囲から学び続ける謙虚さを持っています。誰に対しても謙虚で、自慢話を決してせず、むしろ失敗談を面白おかしく話してくれるような人です。自慢話はもう成長が止まってしまった人の口から出てくるのが特徴です。

若い人は、声の大きい自信家にあこがれる傾向がありますが、そういう人には後々がっかりさせられることもよくあります。気をつけないといけないのは、謙虚な人は自分を大きく見せることがないので、一見普通の人に見えることです。

条件4　行動力のある人

世の中には「ああしたい」「こうしたい」と願望ばかり言っていて、一向に行動を起こさない人がいます。口先だけの人は当てになりません。やはり行動力のある人がロール・モデルとしてよいですね。**「機を見るに敏」**と言える行動力を持った現代の高杉晋作のような人です。あるいは大石内蔵助のように、普段は物静かだが、いざとなったら先頭に立って皆を引っ張ってくれる人です。

私の友人に外資系企業の社長をしている人がいます。まさしくバイタリティの塊のような人です。仕事はもちろんバリバリこなす。いろいろな付き合いには、時間をつくって顔を出す。

北海道に投資用のアパートを買ったかと思えば、次は沖縄にマンションを買う。次に会ったときはマレーシアが気に入ったので、投資用マンションを7軒買ったとか。さらに、いずれマレーシアに移住することを考えているので、その前に日本の素晴らしさを知っておこうと、神戸から京都に引っ越して、名所旧跡巡りをしている。

その人の資産運用がすごいと思っているのではなく、行動力が素晴らしいのです。つねに前を向いて走っている、その行動力が。

この4つの条件すべてを満たす人はなかなかいないものですが、それぞれの素晴らしい面だけをロール・モデルにするのでも良いでしょう。

心得

44

ミッションをつくり、絶えず進化させる

日々の仕事で多忙を極めると、いったい自分が何のために働いているのか、どこに向かっているのかがわからなくなることがあります。

この本を読み終わったら、ぜひあなたのミッション・ステートメント（行動指針）をつくってみてください。

「世界の人々に最先端の技術を盛り込んだクルマを提供して、生活を快適にする」
「高齢者の介護を通して、暮らしやすい日本をつくる」
「世の中に無農薬野菜のおいしさを伝えて、健康な人を増やす」
「落ち込んでいる多くの人を、笑いを通じて元気にしたい」
「海外の人に日本の素晴らしい伝統文化をオンラインで伝えたい」

まずはどんなことでも構いません。**⑴誰に　⑵何を　⑶どのように提供するかを入れ込んでみてください。自分自身のこの世における存在理由を文章にしておくと、迷いが生まれたときに、つねに「戻る場所」ができます。**失敗をしたり、仕事がうまくいかなかったり、やる気が出なかったり、会社に行きたくなかったり、嫌なことがあったとき、転職などの大きな意思決定を求められたとき……。そんなときに自分のミッション・ステートメントを再確認することで気持ちのブレを修正し、向かうべき方向性を確認してまた頑張れるのです。

大切なことは、**「人としてどう生きるか」**ということです。あなたが学生であろうと、会社員であろうと、主婦であろうと、リタイアしていようと、一度自分の気持ちを深くのぞきこみ、言葉にしてみてください。そうすると、目指すべき方向性や、あるべき姿がはっきり見えてくるはずです。

いきなり素晴らしいミッションができると思ってはいけません。

私はなぜ日産自動車に入社したのか。もちろん自動車や宇宙事業への興味があったことは確かですが、自分の能力や適性もよくわからないままに、日産という会社のブランドに惹かれ、そして何より人の縁があっただけです。

ザ・ボディショップの創業者、アニータ・ロディックも、最初から明確な社会変革というミッションを持ち、「ファイブ・バリューズ」（動物実験反対、環境保護、人権擁護、フェアトレード、セルフエスティームなど）を掲げていたわけではありません。

ザ・ボディショップを始めた理由は、夫ゴードンが家族を残して、2年間旅行に出かけてしまったため、二人の子どもを育てるための窮余《きゅうよ》の策だったのです。

お店のカラーがグリーンなのは、借りた店舗があまりに汚かったため、ペンキを塗って隠したいと思っていたら、たまたまペンキ屋にその色があったから。化粧品容器も、じつは病院で格安で分けてもらった尿検査用のボトル。空きボトルへの商品の詰め替えは、現金がなくて新しいボトルを購入できなかったから。

ザ・ボディショップを始めた時点で、「ファイブ・バリューズ」は、まだアニータの中には存在していませんでした。

しかし、経営していく中で自分の持っている根源的なミッション（反戦や環境問題など社会変革のために行動すること）を結びつけ、ザ・ボディショップの事業を通じて、それを達成しようと思ったのです。

今あなたが仕事と自分のミッションに関連性を見出せなくても、まったく焦ることはありません。あなたが今している仕事は、直接であれ間接であれ、必ず誰かの役に立っています。それから自分のミッションを考え、仕事に意義を見つけていく。そしてそのミッションを進化させていくことが大切です。

ミッションをつくったら終わりではなく、ミッションを進化させていかなくてはなりません。経験を積めばミッションをつくる三つの輪（次ページ参照）も進化していきます。好きなことも得意なことも変わっていきます。そしてミッションを進化させていく。これを繰り返すことで、より自分に合ったミッションになっていくのです。

一流の人たちに「使命感」があるように見えるのは、彼らがこうしたプロセスを繰り返してきたからだと思います。

3つの輪が重なる部分があなたのミッション

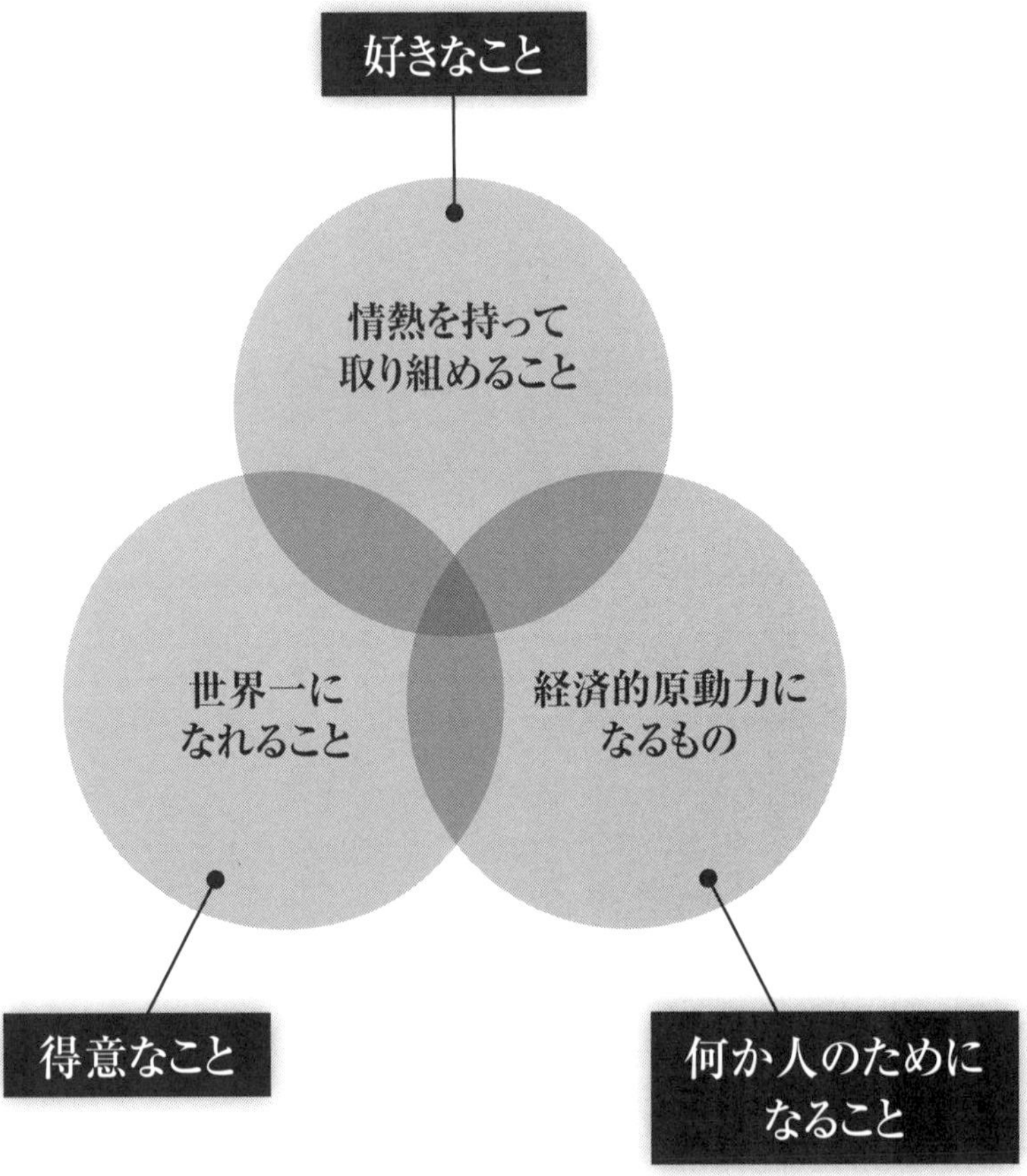

心得

45

生きているのではなく、生かされている

終戦直後に身を起こした名経営者たちは、おしなべて「自分は生かされている」という感覚を強く持っていた人が多いように感じます。

その代表的な存在の一人は、ワコール創業者の塚本幸一さんです。

「生きているんやない、生かされているんや」

塚本さんが従軍したインパール作戦は、先の戦争における陸軍の最大の失敗とも言える悲惨な結末を招いた作戦です。全員が死んでもおかしくなかったのに、たまたま自分は生き残ってしまった。そんな自分が、死んでいった戦友に代わってできることがあるはずだ。地獄のような戦場を生き抜いた塚本さんの思いは、この言葉に込めら

れています。

私が塚本さんの言葉とともに思い出すのは、『かもめのジョナサン』で知られるアメリカの作家、リチャード・バックの次の言葉です。

「もしあなたが生きているのなら、あなたのミッションは終わっていない」

生きている以上、ミッションの追求は続きます。ミッションの追求には終わりがないのです。

私たちの人生は、常にまわりの環境に左右されます。しかも、その環境は変化していくのです。

親の介護が必要になるかもしれない。

子どもを学校に通わせなければならない。

住宅ローンを返済しなければならない。

家族を食べさせなくてはならない。

それらは極めてリアルな人生の断面です。常に「自分は何のために生きているのか」という志と、こうしたリアルな人生の問題に折り合いをつけなければなりません。

自分のミッションと今の仕事は折り合いが悪い、と言って仕事を投げ出せば、預金通帳の残高がみるみる減っていく現実と向き合わなければならなくなるのです。私自身、スターバックスCEOを辞め、1年間充電していたときにそれを痛感しました。

そして私のミッションは「日本を良い国にするためにリーダーを育てる」ことだと自覚し、株式会社リーダーシップコンサルティングを設立しました。リーダーや経営者を育てるという目的（purpose）の実現のため、その手段として研修・講演や執筆、経営者へのエグゼクティブコーチングをしています。またFacebookで「リーダーに贈る言葉」（https://www.facebook.com/matsuo.iwata）を発信しているのもその一環です。

心得

46

ブログやSNSでブランドをつくる

２０００年代以降、ブログやSNSが発達して、誰もが自分の考えや思いを手軽に発信できる素晴らしい時代になってきました。これは、個人のブランド構築の大きな武器になっています。私がそう思うのには、２つの個人的な理由があります。

まだ私が小学生だったころ。私の通う小学校に大手新聞の記者が取材に来て、縄跳び大会の小さな記事を載せました。しかし、その内容があまりに事実と異なっていたのです。先生は掲載された新聞記事の切り抜きを壁に貼り出して、事実とは異なる文言に一つひとつ赤い線を引き始めました。小さな囲み記事は、ほとんど赤線でいっぱいになりました。

記事が事実ではないことは、小学生の私たちでもわかります。私はこのとき初めて、

新聞や雑誌の記事は、必ずしも真実ではないことを、身をもって体感したのです。そのことを教えてくれた先生に、今でも感謝しています。

しばらく前のことですが、ある新聞社から、総選挙を間近にひかえて、望むべきリーダー像について取材がありました。担当の記者は元スターバックスのパートナーだったこともあり、親近感をもって一所懸命お話ししました。こっそり掲載前に記事も見せてくれ、こちらの意をうまく汲んで書いてくれていることに感心しました。

ところが実際の新聞に掲載された記事を見ると、当日私がしゃべっていないことが、書かれていたのです。**初めからこの人にはこんなことを言ってもらったことにしようという新聞社側の意図があり、取材をしなくても書ける内容でした。**おそらくは上の人たちが手を加えたのでしょうが、私はがっかりしてしまいました。

メディアを通すと、自分の意図や真実は伝わらないことが多々あります。これは、自分のブランド構築においては大きなマイナスです。政治家やタレント、スポーツ選手がブログなどを通じて、ファンに対して直接的な情報発信に力を入れる理由がよくわかります。

取材するのは記者です。メディア側に改変の意図がなくても、記者は自分の予見や主観を加えて記事を書きます。その段階で取材された本人が意図していないバイアスが加えられ、ものすごい勢いで世間にばらまかれてしまうのです。先のように記者自身は事実に近いことを書いていても、編集の段階で捏造されてしまうことがあります。

自分は政治家でもタレントでもないから関係ない、と思うのは早計です。ジョハリの第3の窓「他人しか知らない自分」があることからもわかる通り、他人は、その人が見た印象でしか自分のことをとらえてくれませんし、自分の実像や意図とはまったく違ったイメージが広がってしまう恐れだってあるのです。

私はスターバックスのCEO時代、ある人の紹介で当時の総理大臣との少人数の夕食会に招かれたことがあります。そのとき私が総理にお願いしたのは、どのみちメディアは何を言っても事実をねじ曲げて書くのだから、インターネットメディアを通じて、直接国民に語りかけたらどうか、ということでした。

また、企業やメーカーが世に送り出す商品と、個人のブランドを比べた場合の決定的な違いは、企業がブランド戦略、イメージ戦略をとりやすいのに対して、個人はその手段が極端に限られていることです。だからこそ、**自分の意図や考え方を明確に発信し、誰でも見ることができるブログやSNSは、これからますます重要になってくる**と思います。人を採用するときは、その人を知る一つの手がかりとして、私は経営者の方にSNSをチェックすることをアドバイスしています。面接ではわからない多くの情報が手に入ります。こういったメディアは手軽でかつ、反響やフィードバックもすぐわかるので、自分ブランドを構築するよい機会となります。話すことよりも書くことのほうが思いを伝えられると感じている人には、いっそう有効な手段となるでしょう。

最近はYouTubeやTikTokなどの動画が勢いを増しているようです。企業の幹部レベルの採用の時には、候補者のSNSは必ずチェックする必要があると思います。個人のブランドを確立したいのなら、インターネットメディアの積極的な活用をぜひ考えてみてください。何と言っても無料で、今すぐ始められるのです。

心得

47

一流は「相手の幸せ」を探す

私は、個人のブランド化は「自分らしさ」の発揮であり、結果的に幸せの追求にもなると思っています。「ある人がブランド化されている」ということは、その人らしい志や思いが、他人にも伝わって他者と差別化されている状態です。

さらに**その人らしく生きるとは「幸せ」であるということ**だと思います。

より給料のいい仕事を辞めてスターバックスのお店に戻ってきたパートナーは、そうすることが幸せだったのです。売り上げ競争、ポスト争い、年収や会社の知名度の比較。そんな世界とは無縁のスターバックスで働くことが好きで、幸せに生きているという実感があるのです。

なぜ、彼女はスターバックスで働くことに幸せを感じるのか。それは、お客様や同僚のパートナーを喜ばせることに、彼女自身も喜びを感じるからではないでしょうか。

私は「相手の幸せに貢献できる仕事」が、自分の幸福感を増やすのだと思います。「どうすれば、相手が幸せを感じられるか」を考えられる仕事。それは究極の**「幸せ＝利他」**の姿で、いきいきと仕事ができるようになります。こうして「働く意義」が見つかり、それが伝説をつくり、やがてブランドになっていきます。

「営業や接客は苦手だ」と感じている人にこそ、私はこの話を捧げたいと思います。

私自身も、ザ・ボディショップで初めて接客や小売りを経験しました。クルマのセールスの経験はあるものの、あまり自信が持てませんでした。しかし、勉強し、経験を重ねていくと、とてもシンプルな確信に至りました。

「お客様のためになることをする」

結局、お客様のためになることをしなければ、話を聞いてもらうことも、買っていただくこともできません。深くお付き合いすることもありません。**接客サービスとは、「相手の中にある望みを、少ないヒントから実現させる作業」なのです。**確かに難しいかもしれません。しかしそうした経験をすれば、相手の立場、そして幸せを考える習慣が根づきます。

「常に相手の立場になって考える」

これは接客サービスに限ったことではありません。**自分の能力や時間を自分のためだけではなく、人のため、社会のために使う「利他」の心、「無私」の精神が大切なのです。**

会社も同じです。なるほど、あの会社は金儲けではなく、世のため、人のために経営されていたのだということが理解されると、いよいよ強力なブランド力が構築され始めます。

京セラを創業された稲盛和夫さんもそうです。元々自分のセラミックに対する技術を世に問うために、仲間の勧めもあって創業されました。ところが前年に入社した社員11名から、定期昇給やボーナスなどの待遇保証を求める団体交渉を求められました。

そして三日三晩考えた末、会社経営とは、将来にわたって社員やその家族の生活を守り、みんなの幸福を目指していくことでなければならない、ということに気づいたのです。ですから、京セラの経営理念は「全従業員の物心両面の幸福を追求〜」から始まるのです。

反面、働く目的が、お金儲けのため、有名になるためであったなら、おそらく誰にも尊敬されず、ブランド化されません。

社会の不条理に怒り、欺瞞の化粧品業界に楯突いたアニータ・ロディック。コーヒーを通して、人々の心を豊かで活力あるものにしたいと志したハワード・シュルツ。いずれもそのミッションがブランドとなり、そのブランドがさらにミッションを強固にする人材を惹きつけ、お客様はそこに共鳴して集まってくるのです。

無私などと言うと、それこそ西郷隆盛のような聖人君子を想像してしまいます。もちろん私たちは、いきなりそんな境地にはなれません。

世のため、人のために生きるなど、自分には無理かもしれない……。

最初は、自分の愛する家族のためでもいいし、社員や仲間のためでもいい。大切な人のために自らの心を配る。そして、そこから徐々に目線を高めていけばいいのです。

志を高く持つことで、ときには苦しいこともある。時には逃げ出したくなってしまうこともある。しかし、無私利他の心を手に入れたとき、その喜びははかり知れないでしょう。

人を喜ばせるために、あなたは存在している。何て素敵なことでしょうか！

私は日産自動車を退職後、さまざまな企業を経験しました。今振り返れば、その都度成長してきたと思えるのですが、同時に当時の私自身の力不足や、「無私」の足りなさ、実現できなかったことへの悔しさの念も、苦い思い出として蘇ってきます。

しかしそれらは、私がこれから進化していくための痛みだったのだと思います。

心得

48

「未見の我」を心から信じなさい

最後に、私がアレンジしたジョハリの第4の窓「未見の我」(P91参照)について、考えてみます。

現時点では「未見の我」をどうすることもできません。何せ、自分も知らない、他人も知らない自分なのですから、認識しようがありません。

しかし**自分には「未見の我」=自分の未開発な可能性があるのだ、ということを信じて新しいことにチャレンジすれば良い**のです。皆さんにはまだ試したことのないことや、磨いていない能力、経験したことのない分野が山ほど残されているはずです。意外に料理の道を極められるかもしれないし、陶芸が向いているのかもしれません。

例えば私にとって、「本を書くこと」は、まさに「未見の我」でした。まさか自分が20冊以上の本を出版し、そのいくつかがベストセラーになることなど想像もできませんでした。本を書くチャンスに恵まれ、チャレンジした結果、自分では思いもよらなかった「未見の我」が発見できました。

この第4の窓には、無限の可能性が満ちているのです。

私は、「未見の我」を探し続けることこそが、じつは人生そのものではないかと思うのです。

まだ見たことのない、まだ知らない自分はどこにいるのか。

それを命が尽きる瞬間まで探し続けること。

新しい自分に変わり続けること。

常に自分自身に挑戦をし続けること。

人生はどんなに頑張っても、絶対にゴールにはたどり着くことはありません。ミッションの追求には終わりがないからです。それでもゴールに向かって、「未見の我」を発見しながら死ぬ瞬間まで進み続ける。私は、それ自体が幸せであり、人生の素晴らしさだと思います。

エピローグ

私も悩み、歩き続けている

若い人から、よく受ける質問があります。

「今のままではいけないという気持ちは持っているのですが、実際に何をどう頑張ればいいのかが、よくわかりません」

彼らに対する私の答えは、シンプルです。

「まず自分のミッションを考えなさい」

そして

「とりあえず目の前のことを一所懸命やりなさい」

ミッションがないために、何をすればいいのかわからないのです。英語を学ぶべきなのか、身体を鍛えるべきなのか、会社を辞めて事業を起こすべきなのか。

そのミッションも、初めから最終的なミッションがすぐ見つかるわけではありません。ミッションというと大袈裟な感じなので、とりあえずの「目標」を持ちなさいということです。それを随時アップデートし、進化させていけば良いのです。

そう言う私だって、今も悩み、歩き続けている「旅人」のひとりです。ご縁で本まで書かせていただいていますが、うまくいかないことが今も多くあります。

それでも本を書くことにより、とても感動したという感想を送っていただいたり、冒頭の「彼と彼女」のような姿を目にできたりしたことで、少しは自分のミッションに沿った生き方をしていると実感することができます。周りの人によって私も励まされ、背中を押されているのです。

一隅を照らす

高速バスで会いに来てくれた「彼」は、自分の信念に忠実でいたばかりに、職を失ってしまった。それどころか、一時は働くことさえできなくなってしまいました。
信念をつらぬく彼の清廉なお人柄は、一度お目にかかっただけでよくわかりました。
しかし彼は、そのために苦しまなければならなかった。難しい問題です。
信念を曲げても生き残るべきか。それとも、志のために殉じなければならないのか。
私なりの答えは、次の名言にあります。

一隅を照らすもので私はありたい
私の受けもつ一隅が
どんなに小さいみじめな
はかないものであっても
悪びれず
ひるまず
いつもほのかに
照らしていきたい

住友本社（戦前の住友グループの持ち株会社）の常務理事を経て、戦後は住友電工の中興の祖となった、田中良雄さんの言葉です。田中さんは東大在学中、人を救うために線路に飛び込んで、片足首を失いました。「一隅を照らす」とは、大きくて立派なことではなく、まずは自分にできる、自分の受けもつ責任をしっかり果たそう、という意味です。

私たちができることは小さなことかもしれません。しかし、たとえほのかな明かりだったとしても、ほんの一隅を照らし続けることで、世の中を少しずつ明るくできればそれ自体とても素晴らしいことではありませんか。

私も、いつもほのかに自分の周りを照らしていきたい。
本書を、懸命に生きるあなたに捧げます。

ブランド
「自分の価値」を見つける48の心得

発行日　2023年2月14日　第1刷

著者　　岩田松雄

本書プロジェクトチーム
編集統括　柿内尚文
編集担当　村上芳子
デザイン　小口翔平＋奈良岡菜摘＋青山風音（tobufune）
編集協力　増澤健太郎、小林謙一
DTP　G-clef
校正　東京出版サービスセンター

営業統括　丸山敏生
営業推進　増尾友裕、綱脇愛、桐山敦子、相澤いづみ、寺内未来子
販売促進　池田孝一郎、石井耕平、熊切絵理、菊山清佳、山口瑞穂、吉村寿美子、矢橋寛子、遠藤真知子、森田真紀、氏家和佳子
プロモーション　山田美恵、山口朋枝

編集　小林英史、栗田亘、大住兼正、菊地貴広、山田吉之、大西志帆、福田麻衣
講演・マネジメント事業　斎藤和佳、志水公美、程桃香
メディア開発　池田剛、中山景、中村悟志、長野太介、入江翔子
管理部　八木宏之、早坂裕子、生越こずえ、名児耶美咲、金井昭彦
マネジメント　坂下毅
発行人　高橋克佳

発行所　株式会社アスコム

〒105-0003
東京都港区西新橋2-23-1　3東洋海事ビル
編集局　TEL：03-5425-6627
営業局　TEL：03-5425-6626　FAX：03-5425-6770

印刷・製本　中央精版印刷株式会社

Printed in Japan ISBN 978-4-7762-1237-9

本書は、2013年8月に弊社より刊行された『ブランド 元スターバックスCEOが教える「自分ブランド」を築く48の心得』を改題し、加筆・修正したものです。